Guía secreta
de Barcelo

Redbook

Guía secreta de Barcelona

José Luis Caballero

MA
NON
TROPPO

© 2019, José Luis Caballero Fernández

© 2019, Redbook Ediciones , s. l., Barcelona

Diseño de interior y de cubierta: Regina Richling

Fotografía de cubierta: Regina Richling

ISBN: 978-84-120048-0-9

Depósito legal: B-9.403-2019

Impreso por Sagrafic, Pasaje Carsi, 6 08025 Barcelona

Impreso en España - *Printed in Spain*

Índice

Prólogo 9

El Casc Antic. Donde nació una ciudad. 13
    Barcino, la ciutat vella 15
    La Rambla, el eje urbano 55
    El Raval, la Barcelona popular 75
    La Ribera, el barrio de marineros 103
    Montjuïc, la ciudad mágica 125
    La Barceloneta, de nueva planta 135

Más allá de la muralla. Cuando la cuidad se liberó 145
    L'Eixample 147

Sant Martí de Provençals y Poble Nou. 173
    Sants–Hostafrancs 185
    Sant Andreu 191
    Gràcia 195
    Les Corts 205
    Sarrià-Sant Gervasi 211
    Horta-Guinardó 223

Bibliografía 233

Prólogo

Barcelona es una ciudad llena de secretos y de misterios. Por sus calles y sus edificios pululan viejas y olvidadas historias, fantasmas, apariciones, brujas y demonios, crímenes sin resolver o sin explicación lógica y sucesos extraños que tienen sus raíces en la leyenda.

No podía ser de otro modo en una ciudad fundada por el semi dios Hércules y amparada por Montjuïc, la montaña mágica que se reproduce a sí misma, o la llanura señalada por el diablo como la recompensa para Jesucristo: «Todo esto te daré si postrándome ante mí, me adoras». Prescindiendo de la arqueología, la documentación y eso tan aburrido llamado "realidad" podemos encontrarnos con una ciudad tan mágica como Utopía, Timbuctú o como Camelot, una ciudad que a veces parece haber olvidado que su esencia está en las calles empedradas del Casc Antic, en edificios construidos hace mil o dos mil años, en plazas que fueron conventos, en explanadas que fueron cementerios. Cuando el barcelonés o el visitante pisa las piedras de la Plaza de Sant Jaume no es consciente de que en su subsuelo habitan todavía los fantasmas paganos del templo de Diana, que unos metros más abajo están las huellas de Amílcar Barca, o puede que sus restos. Nadie recuerda que la iglesia del Pi, o la plaza frente a ella que lleva su nombre, naturalmente sobre un antiguo cementerio, acogió en su día un pino milagroso, nacido de los restos mortales de un pobre hombre, incapaz de hablar algo inteligible.

Hablamos de una gran ciudad, pero pocas veces nos hemos metido por esas callejas que son su esencia y que guardan secretos, aunque no siempre terribles. Capital, *cap i casal*, Ciudad Condal, Ciudad de los godos, Puerta de oriente, Camino de los franceses, todo eso es Barcelona. Tal vez ha pretendido ser "demasiado" como diría Nietzsche.

Es Barcelona una ciudad bendecida por tres vírgenes, lo que es paradójico en una ciudad portuaria que fue solaz de marineros, paraíso de burdeles y hogar de mujeres de moral distraída; Madrona de Tessalonika, Eulàlia de Barcelona y la madre de Dios, la Vírgen de la Mercè, todas vírgenes, claro, han sido patronas de la ciudad en uno u otro momento.

Según la leyenda, siempre más atractiva que la historia, fue visitada por San Pedro, Sant Martí y Sant Pere Nolasc y está cuajada de símbolos masónicos que en su día sustituyeron la religión clásica por la nueva religión de la razón y la ciencia.

Gaudí, Arús, Roure, Ferrer i Guardia son otros tantos barceloneses que simbolizan la masonería. Todo eso justificaba una *Guía secreta*, pero como dirían los historiadores, "de nuevo cuño". El maestro Carandell ya había escrito esa guía, pero para Carandell, el recorrido secreto por Barcelona era eso, un recorrido calle por calle, recuperando lo más tétrico y misterioso de la ciudad. Sin embargo, al escribir esta Guía Secreta nos planteamos otro tipo de recorrido, una visión al estilo de "El Espectador" del gran Ortega y Gasset, una simple "estética del tranvía", buscando la belleza de cada acontecimiento, plasmando en pequeños relatos lo que un ciudadano normal puede ir descubriendo mientras piensa en sus cosas. Uno pasea por la playa de Can Tunis, limpia, abierta el mar, solitaria, y no puede dejar de pensar en que en ese mismo lugar se fusilaron a decenas de adictos al levantamiento militar de 1936, entre ellos a Salvador Anglada, carlista y concejal del Ayuntamiento, pero levantando la vista se puede ver el cementerio de Montjuïc que acoge los restos (o no) de Amalia Domingo, princesa del espiritismo y una buena persona, según todas las crónicas. Barcelona no es solo crueldad e historia negra, nada de eso.

Después de hacer un recorrido por sus calles, sus plazas y sus barrios, después de investigar unos cuantos enigmas, valía la pena dar el salto y mezclar la realidad histórica con la leyenda para hablar de esas historias, aventuras y explicaciones misteriosas de la antigua Barcino, sobre todo de la antigua Barcino, pero sin dejar tampoco de lado a la nueva Barcelona, crecida más allá de las murallas. Dentro de las viejas murallas, cuando Barcelona apenas respiraba envuelta en piedra y torres de defensa, se había formado la ciudad mágica, donde todo era posible y los muertos convivían con los vivos, no solo en los cementerios que crecían por toda la ciudad, sino en sus calles y en sus plazas donde la noche era el escenario para las almas en pena, las brujas y otros habituales de la oscuridad. Sant Felip Neri, Santa María del Mar, la Catedral, el mercat de Sant Antoni son otros tantos espacios reservados a los fantasmas, apariciones que no asustan a nadie porque el ciudadano barcelonés sabe que sus fantasmas del pasado les protegen y los que realmente dan miedo son los "fantasmas" actuales, los que ocupan los sillones del poder.

Después de aquella época mágica, los decretos de Nueva Planta del siglo XVIII, las reformas urbanas como la apertura de la Via Laietana o el Carrer Ample y desde luego la expansión por el Eixample, crearon nuevos mitos y nuevos misterios de una ciudad viva. Este recorrido, aleatorio, da fe de una ciudad que ha crecido no solo hacia el exterior, sino también hacia las profundidades de la historia y de la tierra.

Una vez derribadas las murallas e iniciado el gran crecimiento de la ciudad hacia el exterior, pareció que la vieja Barcelona iba quedando en el olvido. Las historias de brujas, de aparecidos y de ángeles protectores se fueron quedando encerradas en las viejas calles y arrinconadas por las sucesivas reformas, limpiezas y cambios. Las procesiones de almas en pena dejaron de producirse cada noche de difuntos, las almas a la espera de redención ya no acuden a los altares a ayudar a misa, las puertas del infierno se han perdido entre locutorios y carnicerías halal. En algunos pasillos de la Biblioteca de Cataluña todavía es necesario andar con un poco de precaución, por si es necesario llamar a los cazafantasmas y al pasar por delante del Palau Güell o de Sant Agustí es conveniente mirar para otro lado o, para los creyentes, hacer el signo de la cruz, por si acaso. Para los no creyentes, el paseo por la Rambla del Raval les puede traer el recuerdo de Salvador Seguí o del crucero *Aurora*, pero ciertamente, el barrio ya no es lo que era. Pero, ¿y fuera de las murallas? Nos queda la Barceloneta, nos quedan los confines de Nou Barris, la Vila de Gràcia o Les Corts. Se estremece uno al pasar, por ejemplo, frente a la Escola Industrial, Can Batlló, donde el asesinato de Ermengol Porta ha dejado sus ecos. Y también estremece pensar que Agatha Ruiz de la Prada es la actual marquesa de Castelldosrius, una ilustre familia que tuvo como hogar el espacio comprendido entre la Avenida de Sarrià, la Diagonal y las calles Ganduxer y Borí i Fontestá.

Los que no creemos en dioses, reyes y tumbas lo tenemos difícil para disfrutar de una ciudad misteriosa, pero no debemos olvidar que la historia está llena de misterios y que esta ciudad, nuestra ciudad, es Historia, con mayúscula.

El Casc Antic

Donde nació una ciudad

Barcino, la Ciutat Vella

¿Dónde reposa Amílcar Barca?

En el número 10 de la calle del Paradís, paralela a Llibretería, se encuentra la sede del centenario Centre Excursionista de Catalunya y en el suelo de la calle, frente a la entrada, una rueda de molino empotrada señala el punto más alto del monte Tàber, alrededor del cual se fundó la primera colonia romana. La historia de la fundación de la ciudad, escondida en la noche de los tiempos, no está absolutamente clara, pues si bien es cierto que emergió en la historia como la colonia romana Iulia Augusta Paterna Faventia Barcino, no está claro si fue anteriormente un asentamiento layetano con el nombre de Barkino o si, como dice una de las leyendas, fue fundada en 230 a.C por los cartagineses, dirigidos por Amílcar Barca, de la familia de los Bárcidas y de ahí el nombre, Barcino.

Sea como fuere, se sabe que en ese lugar, en lo que es hoy la calle Paradís, estuvo situado el templo dedicado a Augusto, el primer *imperator*, de Roma, convertido en dios por obra de su ahijado y sucesor Tiberio. El templo, destruido por Almanzor en su célebre razzia de 985, solo conserva las cuatro columnas que

La antigua colonia romana Iulia Faventia Paterna Barcino fue creada en el siglo I a.C.
en una zona bien comunicada.

aún pueden verse en el interior del CEC, pero la costumbre de
edificar siempre templos e iglesias sobre las ruinas o los cimientos de otros anteriores ha dado lugar a la leyenda sobre Amílcar
Barca. Según datos históricos fehacientes, Amílcar Barca, empe-
ñado en la conquista de la Península ibérica, murió en el año 228
en algún lugar desconocido al sur del Ebro cuando guerreaba
contra las tribus iberas. El acontecimiento, según fuentes históricas, tuvo lugar en los alrededores de una ciudad de nombre Helike que puede ser la actual Elx, e incluso se especula con que
murió ahogado en el río Vinalopó, pero no hay acuerdo entre
historiadores, ni mucho menos.

La leyenda, siempre por delante de la historia, afirma que efec-
tivamente Helike era Elx de Alicante y que Amílcar Barca la sitió
con un poderoso ejército que fue derrotado con el viejo truco de
incendiar haces de leña en los cuernos de bueyes y toros que los
iberos lanzaron contra ellos. En su huida, dice la leyenda, Amílcar se ahogó al intentar cruzar el río, armado. Su cuerpo, recuperado por sus soldados fue transportado después hacia el norte, a

Barcelona, la ciudad que había fundado un año antes y enterrado en el lugar que ocuparía después el templo de Augusto.

Otra versión de la leyenda, tal vez más real, afirma que la batalla o escaramuza, tuvo lugar cerca del pueblo montañés de Elche de la Sierra, en la provincia de Albacete, y un monolito de piedra señala el lugar donde, supuestamente, Amílcar Barca murió en un combate desigual contra la tribu de los oretanos y según la tradición está enterrado en el lugar conocido como el Llano de la Losa. Esta versión de la leyenda niega por tanto que el cuerpo del general cartaginés viajara hasta Barcino.

Es cierto que Barcelona le ha dedicado una calle a Amílcar, en el barrio de Horta, pero sin ninguna relación con la vida, muerte o inhumación del general. Atendiendo a la lógica, si Amílcar Barca murió en algún paraje entre las provincias de Alicante o de Albacete no parece lógico que sus restos fueran a parar a Barcelona, pero una leyenda, es una leyenda...

Todavía más mágica es la leyenda que atribuye al semidios griego Hércules la fundación de la ciudad. Hércules, el griego Herakles, era hijo del dios Zeus y de la reina mortal Alcmena y cuenta la leyenda que cuando murió su adorada princesa Pirene, transido de dolor, Hércules fue arrancando montes por toda la Tierra para construir una gran tumba para ella, los montes Pirineos. De pasada en uno de sus viajes, Hércules observó la gran belleza del Pla de Barcelona con la montaña de Montjuïc y el monte Tàber y decidió que era un buen lugar para construir una ciudad, así pues organizó un viaje de nueve naves con los colonos y constructores necesarios, pero una tempestad arrojó a la mayor parte de la flota a las costas de Marsella y una de las naves se perdió en el mar, con tan buena fortuna que fue a parar a la playa en la falda de Montjuïc. Esos marinos y colonos fundaron entonces el asentamiento en el monte Tàber que, al verlo Hércules cuando volvió al lugar, le dio el nombre de Barca Nona, es decir, la novena barca que, andando el tiempo, se convirtió en Barcelona.

Diana, vírgen

Aunque el templo de Diana en Mérida es el más famoso y el mejor conservado de los dedicados a esta diosa romana, en la antigua Barcino también hubo uno dedicado a Diana protectora de las mujeres y que muchos han querido ver como la versión pagana que el cristianismo transformó en la Vírgen María. En el foro romano, el cruce de las dos principales vías de Barcino, —la Cardo Maximus y el Decumanos Maximus—, situado probablemente bajo la actual plaza de Sant Jaume, estaban los principales templos romanos y uno de ellos, del que no quedan vestigios, debió ser el de Diana, la diosa Vírgen, protectora de la naturaleza y de la mujer, la misma diosa Artemisa de los griegos. Cuando el cristianismo sustituyó a la vieja mitología de origen griego, no quiere decir que con ello muriera el culto y la veneración a Diana, o a otros dioses, sino que por un lado se transformó, como queda dicho, en la Vírgen María y por otro siguió siendo ve-

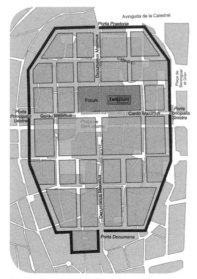

Mapa del núcleo de la antigua Barcino romana, situado sobre el trazado de las calles de la ciudad actual.

nerada por las mujeres en general e identificado su culto con la brujería que sobrevivió como una práctica corriente hasta entrado el siglo XIX. En los primeros tiempos del cristianismo, cuando se empezó a perseguir a la antigua religión politeísta, creció el mito del hada que se ocultaba en el bosque, una imagen de la diosa Diana a la que las mujeres rendían culto y pedían ayuda en el trance de la maternidad. Probablemente, la iglesia de Sant Jaume, derribada en 1823, se erigió sobre las ruinas de aquel templo romano y en lugar donde estuvo el templo creció la leyenda y fue considerado mágico. Las crónicas sobre brujería que hablan de sus vuelos nocturnos, a veces sobre una escoba, están basados en la creencia ancestral de que la diosa Diana se desplazaba volando por los cielos y que sobre ella podían desplazarse también las mujeres que la invocaran.

Las habilidades de un espía

En el siglo XVIII, —la plaza dedicada hoy a Goya[1], que anteriormente se llamó de Sepúlveda y aún antes de Pearson—, era parte de los campos y huertos que rodeaban Barcelona, fuera de la muralla naturalmente, y en ese mismo lugar existió una masía que sobrevivió prácticamente hasta el derribo de las murallas. Cuenta la leyenda, o la historia, que durante la Guerra de Sucesión que terminó con la pretensión del archiduque Carlos de Habsburgo y con las libertades catalanas, se produjo un hecho interesante en esa masía. Desde la primavera de 1714, Barcelona sufría un asedio, más o menos intenso, por las tropas de Felipe V y los defensores de la ciudad, dirigidos por Rafael Casanova, estaban necesitados de información sobre la situación y los movimientos de los atacantes. En una época en que los servicios de inteligencia aún no estaban organizados y se basaban solo en espías solitarios, un joven perteneciente al gremio de los tallers, o cortado-

1. José Luis Caballero y David Escamilla, *Los secretos de las calles de Barcelona*, Robinbook.

res de carne, se ofreció para infiltrarse en el territorio enemigo y proveer de información a la ciudad. En plena noche, salió por la puerta de Tallers, situada donde la calle del mismo nombre se une a la Ronda de San Antoni, con la intención de llegar hasta las líneas enemigas, pero lo hizo con tan poca eficacia que fue descubierto inmediatamente y perseguido por los soldados borbónicos. Amparado en la oscuridad llegó hasta la masía situada donde está hoy la plaza de Goya y sus moradores le acogieron y le ocultaron haciendo que se desnudara y se metiera en una cama fingiendo una enfermedad. Cuando los soldados registraron la casa no reconocieron al joven que languidecía en el lecho con una enfermedad desconocida y así salvó la vida el presunto espía. De la noche pasada en la masía hubo no obstante un «daño colateral». El joven se enamoró de la única hija de la familia, o viceversa, y acabada la guerra se casó con ella y acabó heredando la propiedad.

La alcahueta con mala suerte

Muy cerca de la calle Tallers, en la de Ramalleras, vivió hacia mediados del siglo XIX una conocida alcahueta llamada Catarina. El oficio de alcahueta, magistralmente mostrado por Fernando de Rojas en *La Celestina* o por Zorrilla en *Don Juan Tenorio*, fue fundamental durante siglos para relacionar hombres y mujeres, algunas veces como antesala de la prostitución y otras como simple relación libre fuera del matrimonio. Catarina ha pasado al recuerdo barcelonés porque, que se sepa, fue la última mujer a la que se castigó con la pena añadida de *bòria avall,* es decir, pasearla por las calles con un cartel que indicaba su delito, dando un rodeo desde la cárcel para volver a ella. Catarina había ojeado una pieza, una joven bellísima y

La obra *Bòria avall,* de Francesc Galofré i Oller, recrea el suplicio que padecían los condenados.

religiosa que todos los domingos acudía a misa en la iglesia del Pi. Utilizando sus artes de seducción, Catarina se hizo amiga de ella y consiguió que la joven e inexperta muchacha acudiera a su casa para entregársela allí a un hombre que le había solicitado una joven virgen y de buena familia. La mala suerte de Catarina quiso que el hombre que buscaba un solaz con una jovencita fuera nada menos que el padre de la inexperta. El escándalo fue terrible, Catarina fue detenida y condenada por alcahueta, la jovencita salió tan virgen como había llegado y el padre buscador de emociones volvió a casa orgulloso de haber salvado a su hija y sin probar bocado.

La pena de *bòria avall* está documentada desde la Alta Edad Media, como un modo de avergonzar al reo de cualquier delito que, además claro está, debía cumplir la pena impuesta, cárcel, destierro o ahorcamiento. En Barcelona, los presos salían de la cárcel situada en aquella época en la actual Plaza del Rey y por la calle llamada Baixada de la Llibreteria, que entonces se llamaba Baixada de la Presó, tomaban la calle de la Bòria, de la que queda solo un pequeño tramo tras la apertura de la Via Laietana, para seguir dando un gran rodeo por toda la ciudad y regresar a la prisión o acabar en las horcas situadas en lo que hoy es el Pla del Palau. La comitiva iba abierta por un pregonero que, a golpe de corneta, iba anunciando a quién llevaban y por qué. Tras él iba el alguacil, luego el reo y tras él el verdugo, fuera para darle los latigazos correspondientes o para ahorcarle llegado el momento. Cerraban la comitiva los *mossos d'esquadra*, es decir, la guardia del Consell de Cent. La ley exigía que se hiciera una ruta llamada de *las cien esquinas*, y el reo recibía en cada una de ellas la parte correspondiente a los latigazos a que había sido condenado.

El pozo del infierno

En el espacio ocupado por la Via Laietana frente a la plaza de Ramón Berenguer, existió hasta la apertura de dicha vía a partir de 1872, la llamada plaza de l'Oli, donde se instalaban los vendedores de aceite, payeses de los alrededores de Barcelona que vendían allí su producto. La plaza estaba formada en el cruce de la actual calle de l'Oli, muy pequeña y truncada, con la de Gràciamat, desaparecida, y otra también desaparecida, llamada de l'Infern, cuyo nombre venía, al parecer, porque en ella se habían instalado los herreros que con sus fuegos, sus ruidos y sus calores daban aquella impresión. No obstante, la leyenda siempre va más allá y afirma que en la plaza del Pi, junto a la calle de l'Infern, había un pozo misterioso, del que los vecinos no se atrevían a sacar agua, salvo en casos de extrema necesidad, porque aquello

no era un pozo cualquiera, sino una entrada al infierno, y de ahí el nombre de la calle. Hasta la apertura de la Via Laietana, que acabó con aquellos rincones, los vecinos evitaban el lugar y aseguraban que, de noche, se oían aullidos y lloros que venían del fondo del pozo.

La pintura ha plasmado en numerosas ocasiones los terribles tormentos del infierno.

Todas las religiones consideran que hay un lugar que identifica-
mos con "infierno" o "inframundo" donde las almas, más o menos malvadas, sufren eternamente torturas físicas y espirituales o
al menos una "nada" inacabable. No obstante, cuando el cristianismo empezó a utilizar el término "infierno" traducido del he-
breo y del griego, no respetó el verdadero sentido de la palabra
que, muchas veces, no tiene nada que ver con ese lugar tenebroso,
sino que hace referencia a la muerte, al hogar de los muertos, sin
especificar si es bueno o malo, o simplemente al sepulcro, la última morada de los humanos. En la era moderna, el papa Juan Pablo II definió al infierno de un modo mucho más relajado y espiritual: «Las imágenes con las que la Sagrada Escritura nos presenta
el infierno deben ser rectamente interpretadas. Ellas indican la
completa frustración y vacuidad de una vida sin Dios. El infierno
indica más que un lugar, la situación en la que llega a encontrarse
quien libremente y definitivamente se aleja de Dios, fuente de
vida y de alegría».

La noción del infierno como lugar de tortura y sufrimiento,
identificado con el fuego, se desarrolla en los cuatro Evangelios
aceptados por la Iglesia, los de San Juan, San Marcos, San Lucas y
San Mateo. Los cuatro evangelistas lo identifican del mismo modo
y el desarrollo posterior del cristianismo le dio su connotación de
fuego eterno, terrorífico y con el añadido de tormentos, fruto, realmente, de una mente enferma. Antonio María Claret dice de él:
«Figúratelo como una prisión situada en el centro de la tierra, muchas leguas abajo, toda llena de fuego, encerrado en un recinto de
forma tan impenetrable que por toda la eternidad ni siquiera el
humo puede escapar. En esta prisión los condenados están tan
cerca el uno del otro como ladrillos en un horno... Considera la
calidad del fuego en que se queman». O esto: «Imaginemos un
lugar del infierno donde hay tres malvados. El primero está sumer-
gido en un lago de fuego sulfúrico; el segundo está encadenado a
una gran roca y está siendo atormentado por dos demonios, uno de
los cuales constantemente le arroja plomo derretido por su gargan-
ta, mientras el otro se lo derrama encima de todo su cuerpo, cu-
briéndole desde la cabeza a los pies. El tercer réprobo está siendo
torturado por dos serpientes, una de las cuales le envuelve su cuer-

po y lo muerde cruelmente, mientras la otra entra a su cuerpo y le ataca el corazón». Gregorio Magno afirma: «Habrá un fuego que no puede apagarse, un gusano que no muere, un hedor insoportable, una oscuridad que puede sentirse, castigo por azotes de manos salvajes, con todos los presentes desesperados de cualesquier cosa buena.»

El infierno, como lugar espiritual pero también físico, se situaba en el centro de la tierra y a él se podía acceder, aunque no era nada fácil, por algunos lugares subterráneos especialmente terribles. Modernamente, se considera que hay seis puntos de entrada al infierno: el volcán Masaya en Nicaragua; Xibalba, en tierras de los mayas, muy difícil de encontrar; el lugar llamado Necromanteyon, en el Peloponeso griego; el volcán Hekla en Islandia; el Lough Derg, en el condado de Donegal, situado en la Station Island, en Irlanda del Norte y en el volcán Erta Ale en Etiopía..

La patrona olvidada

La ciudad de Barcelona ha dedicado a la santa llamada Madrona una calle, un paseo y una plaza. La calle está situada en el casco antiguo, junto a la avenida del Paralelo, el paseo en la montaña de Montjuïc y la plaza en el barrio del Poble Sec. El

paseo, que circula por delante del Teatro Griego y rodea una amplia porción del parque de Montjuïc, recuerda que muy cerca de allí, se encuentra la primitiva capilla dedicada a Santa Madrona, hoy en día dentro de los terrenos del palacete Albéniz.

Según cuenta la leyenda, los restos mortales de la santa llegaron a Barcelona a bordo de un barco de comerciantes franceses

La ermita de la Santa Madrona está situada en el recinto del Palacete Albéniz.

que, a causa de una tormenta, embarrancaron en la playa de Sant Bertrand, donde hoy se encuentra el muelle del mismo nombre en la falda de la montaña. Según los pocos datos que existen, como es habitual en la génesis de los santos de aquella turbulenta época, Madrona era originaria de la ciudad griega de Tessalónika donde abrazó el cristianismo desde muy joven. Criada en casa de una gran señora, era maltratada por ésta a causa de su fe y apaleada con frecuencia, hasta que en uno de los castigos de su ama acabó muerta. Corría el año 300 cuando sucedieron estos hechos, la época de las persecuciones de Diocleciano contra los cristianos, y los restos de Madrona fueron recogidos por sus correligionarios y venerados durante años hasta que las autoridades decidieron desprenderse de las reliquias vendiéndolas a comerciantes franceses que pensaban comercializarlas en Marsella. Como queda dicho, la nave que portaba los restos de la santa embarrancó en la playa de Sant Bertrand y de ahí se trasladaron a la capilla, ya existente, dedicada entonces a Sant Fruitós.

Conocida como la «patrona olvidada» de Barcelona, algunas leyendas la hacen barcelonesa de nacimiento y emigrada a Roma al morir sus padres, lo que a juicio de sus defensores la hacía más adecuada como patrona de la ciudad, rivalizando con santa Eulàlia. Según esta versión, Madrona se hizo cristiana en Roma donde fue apresada y vendida como esclava a la familia de Tessalónika. No obstante, todavía hay otra versión, radicalmente diferente y que la hace originaria de Braga, en Portugal, hacia el año 540. Esta versión está recogida por Josep Massot i Muntaner en su obra *Compendio Historial de los Hermitaños de Nuestro Padre San Agustín del Principado de Cataluña*[2]. Según Massot, Madrona viajó a Capua, en Italia para socorrer al mártir San Prisco al que curó milagrosamente de una cruel enfermedad y después de vivir en aquella ciudad durante varios años fue hecha prisionera por los "enemigos de la fe". Torturada durante tres días murió sin renegar de Cristo. Sus restos, venerados durante años, fueron solicitados

2. Año 1669. Imprenta de Juan Jolis, Barcelona.

por el rey de Francia, Hugo Capeto, sin una fecha concreta, pero que debió ser hacia el año 992, para curarse de unas fiebres que los médicos no podían atajar. Fue en ese viaje cuando, según Massot, sucedió que el barco que la transportaba no pudo arribar a las costas francesas y recaló en Barcelona. En la obra de Massot se cita, no obstante, otros documentos que señalan a Madrona como torturada y muerta en Tessalonika, no en Capua, y aduce el autor que, tal vez, no se trata de la misma santa.

La leyenda del Pi

Desde el año 987 está documentada la existencia de una iglesia, de estilo románico, en el lugar que hoy ocupa la iglesia del Pi, construida ésta en estilo gótico a mediados del siglo xv. En el lugar existía un bosquecillo de pinos, algunos de ellos talados para la construcción de las dos iglesias, pero cuenta la leyenda que en uno de ellos se encontró una imagen de la Vírgen y aquel

La leyenda relacionada con la iglesia del Pi está relacionada con el pequeño pinar que había frente a la plaza.

pino fue trasplantado a la entrada del templo donde permaneció hasta principios del siglo XIX. Otra leyenda, más popular, cuenta que en las inmediaciones de la iglesia, pululaba allá por los años finales del siglo XV, un pobre hombre deforme y que balbuceaba continuamente palabras sin ningún sentido. Los vecinos lo toleraban, pero también lo despreciaban por su deformidad, su manera de hablar ininteligible y porque nunca le había visto rezar de verdad o acudir a los oficios religiosos. Cuando murió, fue enterrado frente a la iglesia, en el cementerio que existía allí para los vecinos y todo el mundo pareció olvidarse de él. Corría el año de 1568 cuando, frente a la iglesia, creció rápidamente, de modo milagroso, un esbelto pino con unas hojas curiosas, retorcidas, que llamaron poderosamente la atención. Un buen día, alguien descubrió que en las hojas aparecían escritas palabras incomprensibles, iguales a las que pronunciaba aquel hombre deforme. Aquello se interpretó como una señal y los vecinos y los responsables de la iglesia decidieron excavar en la base del pino para encontrar la explicación de tal fenómeno. Y lo que encontraron fue el cuerpo incorrupto del pobre hombre, de cuya boca salía la raíz principal del pino. Desde aquel momento se consideró milagroso al árbol que fue cuidado con esmero hasta que, poco antes de la invasión francesa, un soldado que montaba guardia en la plaza, se entretuvo en clavar su bayoneta en el tronco para pasar el rato. Dicen que el árbol lanzó gemidos lastimeros y murió al poco tiempo, seco por la heridas.

Los templarios en Barcelona

En el número 4 de la calle dedicada al rey visigodo Ataúlfo, se alza todavía la capilla que perteneció al Palau Vell, o Palau Reial Menor,

Insignia de los templarios con el lema "Sigilum Militum Xpisti".

el complejo de edificaciones ya desaparecidas, donde tuvieron su residencia los Condes de Barcelona. El origen del edificio se sitúa en fecha anterior a 1134 cuando un ciudadano barcelonés, Ramón Massanet, donó una gran casa fortificada a la orden de los Caballeros del Templo (L'Ordre du Temple) o Templarios. La casa estaba junto a la torre del Regomir y era probablemente una construcción de época romana o visigoda. En 1134 se iniciaron las obras de remodelación y adecuación convirtiendo el lugar en uno de los centros templarios más importantes de Europa hasta la disolución de la Orden en 1317 en que el edificio pasó a manos de la Orden de los Caballeros de San Juan, muchos de cuyos miembros eran antiguos templarios y pasó luego a ser posesión real.

En la calle del Timó, un pequeño callejón en la calle Ataulf, se encuentra la que se conoce como *puerta templaria* y que es la puerta que los templarios abrieron en la muralla para entrar y salir sin tener que obedecer a la apertura y cierre de las puertas de la ciudad. No hay evidencias de que los Templarios tuvieran otras propiedades dentro de las murallas (de hecho su sede era grandiosa) pero sí que existen noticias de que los cuerpos de algunos de los

PLAÇA DE SANT GENIS DELS AGUEDELLS 1906

El cementerio de Sant Genís dels Agudells, donde parece que fueron enterrados algunos templarios, aún se mantiene activo hoy en día.

miembros de la Orden fueron enterrados en el cementerio de la parroquia de Sant Genís del Agudells.

Sobre la actividad secreta de los Templarios se ha escrito mucho, especialmente por el hecho de que, para librarse de su poder, la Iglesia les acusó de brujería, sodomía, sacrilegio y un sinfín de «delitos» más a principios del siglo XIV llevando a la hoguera a su Gran Maestre Jacques de Molay y a centenares de sus miembros. La historia ha demostrado que todo fue una conspiración de Felipe IV de Francia y el Papa Clemente V para apoderarse de los bienes de la Orden y liquidar su enorme poder que se contraponía al del rey en Francia y al del papa en la Iglesia. No obstante, creció una leyenda negra sobre los Templarios cultivada por el hecho de que sus ceremonias de iniciación eran secretas y, se dice, guardaban cierta relación con antiguos ritos de la naturaleza. Otro de los detalles misteriosos de la Orden es que se les atribuye el hallazgo y la custodia de la Vera Cruz, la cruz auténtica donde murió Jesucristo, pero sobre todo que, después de ocupar y excavar en el templo de Jerusalén, encontraron algo que les hizo poderosos e indestructibles, algo que les comunicaba directamente con Dios y que hacía peligrar los cimientos de la Iglesia. Una de las acusaciones por las que fueron condenados y ejecutados, la de herejía, tiene también mucho que ver con su eclecticismo, pues se dice que en su ideario unificaron muchos principios del cristianismo con otros del Islam y del Judaísmo, lo que era inaceptable para la Iglesia de la época. Los más románticos de los historiadores, o exégetas, de la Orden del Temple, afirman que no se disolvió en aquel aciago año de 1317 y que su ideario, su Energía Cósmica Templaria, siguió en manos de los caballeros pasados a la clandestinidad. De ese ideario, dicen, nació en Escocia la masonería. Pero todo eso, son leyendas...

Josep Oriol fue canonizado el año 1909 por Pío X.

El milagro de Josep Oriol

Alrededor de la iglesia del Pi, como en muchas otras de la cristiandad, existen leyendas e historias sobre milagros atribuibles a sus muros o a los personajes que alguna vez vivieron o trabajaron en ellos. Uno de los milagros atribuidos a Josep Oriol, que ejercía de sacerdote en ella en 1686, cuenta cómo su intercesión salvó de una muerte segura al director de la iglesia, el fraile José Mestres, que cayó desde una pasarela a gran altura y fue Josep Oriol quien hizo que el fraile, de gran peso, bajara lentamente hasta tocar pie a tierra sin sufrir ningún daño. En la plaza adyacente, que lleva el nombre de Sant Josep Oriol, una placa recuerda cuando el hecho fue reconocido como milagro por el Vaticano. Este podría llamarse un milagro extraordinario, aunque la actividad habitual de Josep Oriol era la de curar a los enfermos que se acercaban hasta él. Su fama era tan grande que su confesor le pidió que no realizara curaciones dentro de la iglesia pues la afluencia de fieles no permitía realizar ningún otro oficio religioso.

El cuervo de mal agüero

En 1823, el antiguo foro romano de Barcelona se había convertido en un pequeño cruce de calles, las antiguas vías transversales de la vieja Barcino, atiborrado de edificios y con apenas espacio para transitar. En 1057 se había construido la iglesia de Sant Jaume en el foro, expropiando casi todo su espacio y en 1598 desapareció otro espacio libre cuando se procedió a engrandecer el palacio de la Generalitat. Fue finalmente en 1823 cuando el Ayuntamiento decidió proceder al derribo de la iglesia de Sant Jaume y a su traslado y abrir así una plaza más acorde con la prestancia merecida por la Generalitat. La plaza adquirió su aspecto actual en 1840 cuando terminaron las obras que abrieron la calle Ferran como eje comercial de la ciudad y se derribaron gran parte de los edificios que ocupaban el antiguo foro al que se llamó entonces plaza de la Constitución.

La epidemia de la peste negra causó verdaderos estragos.

Como todo lugar con más de dos mil años de historia, también la plaza de Sant Jaume tiene su leyenda, en su caso terrorífica pues se dice que fue en esa plaza, siglos antes de su remodelación, donde se inició la gran peste negra que azotó la ciudad en 1348.

Cuenta la leyenda que un gran cuervo negro empezó a revolotear por los alrededores de la plaza a principios de la primavera de aquel año nefasto. Su graznido despertó a los ciudadanos que vieron espantados como el ave, siempre de mal agüero, revoloteaba sin dejar de graznar. Finalmente, cayó como fulminada estrellándose contra el suelo de la plaza. De su cuerpo reventado salió una gran pestilencia que hizo huir a las personas que en ella había, pero ninguno pudo escapar a la terrible enfermedad.

Desde allí, la peste negra, la peor plaga que ha sacudido a Europa, se extendió por toda la ciudad. De los cincuenta mil ciudadanos de Barcelona murieron unos treinta y ocho mil, entre ellos todo el Consell de Cent y cuatro consellers de la Generalitat. El desastre fue de tal magnitud que incluso Sant Roc, el santo más venerado por su dedicación a socorrer a los enfermos de peste, viajó hasta Barcelona desde su Montpelier natal para socorrer a los enfermos, con tan mala fortuna que él mismo contrajo la enfermedad. Según la leyenda, las personas que le tenían acogido en su casa, le echaron cuando enfermó y acabó en un rincón de la Plaza Nova, junto a la Catedral, donde un perro lamió sus heridas hasta que le curó la peste. Nunca se ha podido compro-

bar históricamente ni siquiera la existencia del santo, pero con motivo de la peste que asoló, de nuevo, a Barcelona en 1589 sí existen documentos que prueban que la ciudad confiaba en el culto a Sant Roc para defenderse de la terrible plaga.

Tradición dulce y amarga

En el número 12 de la Plaza de l'Angel, una de las más transitadas y características del casco antiguo de Barcelona, sobrevive, al menos hasta 2014, una de las pastelerías más famosas y tradicionales de la ciudad.

Restos de la necrópolis de la Barcino romana.

Se trata de La Colmena, un oasis modernista en lo que se refiere a su arquitectura y su decoración y un paraíso en lo que se refiere a sus dulces, elaborados con todo el cariño y la calidad que requiere una especialidad tan genuina. La actual pastelería, abierta en 1928, fue puesta en marcha por los hermanos Roig que compraron el negocio a su anterior propietario que se desprendió de él para emigrar a América. El establecimiento ya funcionaba como "dulcería" como se llamaba entonces a estas tiendas, desde 1864 y tenía una solera que los hermanos Roig no hicieron sino aumentar. Sus caramelos, que aún se fabrican en ella, son los más antiguos producidos en España.

La Colmena se ha beneficiado también de una situación privilegiada, en una plaza emblemática de la ciudad, donde el trasiego de visitantes y turistas es constante y donde además se produjo un milagro atribuido a Santa Eulàlia. Cuenta la leyenda que en el año 878, cuando se trasladaban sus restos desde la iglesia de Santa María del Mar a la cripta de la Catedral, el cuerpo incorrupto pesaba tanto que los hombres que lo transportaban fueron

En la pastelería La Colmena, establecimiento emblemático de la ciudad, se pueden adquirir pastas de té, merengues, turrones y otras delicias artesanas.

incapaces de hacerle cruzar la puerta de la muralla situada en lo que hoy es la plaza. Los porteadores tuvieron que irse a sus casas a reponer fuerzas y al día siguiente, cuando llegaron ante los restos vieron como un ángel atravesó el espacio señalando la puerta de la ciudad. Al momento, los porteadores pudieron levantar sin esfuerzo el sarcófago y terminar el recorrido. Por aquel milagro se dio entonces el nombre de Àngel a aquel llano frente a la puerta y fue considerado un lugar milagroso.

El tabernero ahorcado

En el Pla de la Boquería, uno de los lugares más barceloneses, existió allá por el siglo XV una taberna de la que ya no queda rastro ni memoria. El tabernero, de apellido Colom, debió andar con malas compañías o malos negocios, hasta el punto que finalmente fue ahorcado a causa de sus fechorías. Tenía un hijo, nacido en la casa familiar en la cercana calle de Boters, al que habían llamado Cristòfol y tras la muerte ignominiosa del padre, la madre trasladó el negocio a la casa de la calle Boters tratando de ocultar la nefasta historia. El ahorcado apellidado Colom tenía un hermano que emigró, más o menos por la misma época, a la ciudad italiana de Génova y el joven Cristòfol, ciertamente avergonzado por sus antecedentes paternos, empezó a usar a la persona de su tío, en Génova, como referente y acabó usando el nombre italiano Cristoforo Colombo y, al ser empleado por la Corona española, cambió por el de Cristóbal Colón.

El enigma de la identidad de Colón aún no se ha resuelto.

Naturalmente, no todo el mundo está de acuerdo en este origen del célebre navegante. Algunos historiadores dicen que simplemente era judío, lo que le hizo ocultar su origen y que pudo haber nacido en cualquier lugar de Europa. En la historiografía española se sitúa su nacimiento en Valladolid; los italianos, por supuesto, mantienen, como la mayor parte de los no españoles, que es genovés de nacimiento y de origen y a veces se afirma que era gallego, balear, vasco, extremeño... Diversos historiadores, entre ellos Bartolomé de las Casas, afirman que Colón hablaba mal el castellano, lo que podría indicar que era realmente genovés... o catalán. Colón, en alguna carta, afirmaba haber nacido en Génova, pero no hay ninguna prueba de ello y concuerda con su interés en pasar por hijo de su tío y no de su padre.

Un siniestro lugar

El número 28 de la calle Ample, donde hoy en día se ofrecen caramelos artesanos, es la casa conocida como Palacio Larrard, un viejo edificio que albergó en 1808 al general Joseph, o Giusseppe Lechi, comandante en jefe del ejército francés de ocupación en Barcelona, a las órdenes del mariscal Duhesme. Lechi ejerció la represión contra la población, y durante los años de la ocupación el palacio fue considerado un lugar siniestro. Su jefe de policía era el comisario Ramón Casanovas quien creó un eficaz servicio de información y de delación que debía atemorizar a la ciudad pero que no evitó que Barcelona, siguiendo su tradición, continuara siendo una ciudad levantisca e ingobernable por la fuerza. En ese palacio se torturó y se maltrató a muchos de los resistentes barceloneses contra la ocupación, pues entre 1808 y 1809 hubo tres levantamientos en la ciudad, sofocados con violencia por los ocupantes y por sus aliados en Barcelona. Uno de estos aliados fue el citado Ramón Casanova, abogado y hombre de negocios, que no dudó ni un instante en unirse a los invasores franceses, bien por convicción ideológica o bien por oportunismo. Su entrega a los invasores era tal que tras la ocupación fue nombrado inmediatamente jefe de policía y se encargó principalmente de crear su red represiva con elementos reclutados en la ciudad. Tanto Casano-

Durante la ocupación francesa, Barcelona vivió una dura represión.

va como el propio Lechi fueron la cúspide de una red de corrupción notable que implicaba a militares franceses y funcionarios ocupantes y autóctonos. El escándalo y la corrupción fue de tal magnitud que finalmente, el general Augereau, superior de Duhesme, acabó por destituir a los dos generales, Duhesme y Lechi y al policía Casanova, acusado éste de asesinar a un banquero italiano llamado Cantón al que había despojado fraudulentamente de sus bienes. Casanova fue destituido y apresado en marzo de 1810 cumpliendo condena en París hasta la caída de Napoleón. El palacio Larrard sigue teniendo el mismo aspecto siniestro que tuvo en aquellos años[3].

Espiritismo y ciencia

En algún lugar alrededor de la calle Princesa vivía a finales del siglo XIX Francisco Parés Llansó, médico militar con el grado de

3. Sobre el destino del general Duhesme ver: *Los secretos de las plazas de Barcelona*, Ediciones Robinbook.

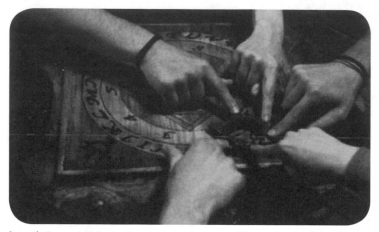

Las prácticas espiritistas tuvieron una muy buena acogida en un sector de las clases bienestantes.

coronel y uno de los más destacados espiritistas españoles. En su casa tenían lugar largas sesiones de espiritismo a las que asistía otro ilustre miembro de esta tendencia, el médico Víctor Melcior, prestigioso cirujano y especialista en enfermedades de origen metafísico, o lo que es lo mismo, psicológico. Autor de diversos libros sobre espiritismo y una autoridad en la materia, Parés Llansó y Melcior compartían aquellas sesiones con el vizconde Torres–Solanot, pero los elementos más importantes de aquellas reuniones en las que se convocaba a los espíritus, eran los médiums, que no eran otros que la esposa del coronel Parés y un muchacho de 12 años llamado Juanito Grau. Por mediación de ambos médiums se producían en la casa toda clase de fenómenos paranormales, como luces móviles, chispazos, aparición de cabezas humanas transparentes, ruidos diversos de origen desconocido en incluso la salida del cuerpo astral de la médium. Una de las experiencias relatadas por el doctor Melcior consistió en que las enaguas de la señora Parés pasaron a colocarse sobre el vestido de "motu propio" sin intervención de nadie. El muchacho en un momento de trance llegó a escribir a una velocidad de vértigo sentencias filosóficas en nueve idiomas sin que, por supuesto, tuviera en su estado normal los conocimientos necesarios. El coronel Parés se convirtió en un obseso de lo paranormal y lo psicológico hasta el punto de que sus mismos compañeros de organización y de creencia, agrupados en la Liga Espiritista Española, marcaron distancias con él, como se puede apreciar en la esquela mortuoria de Parés[4]. Falleció el 8 de octubre de 1908, todavía joven, a causa de lo que calificaron como "una traidora pulmonía". La casa donde vivió la familia, mantenida su ubicación en el anonimato, no ha dejado nunca de mostrar fenómenos paranormales y presencias fantasmales.

Hiedras, ratas y oratorios

Entre las calles del Vidre y de Rauric, junto a la Plaza Reial, circula la corta calle de Les Heures (las Hiedras en castellano) que recibió ese nombre en 1865 atendiendo a que desde antiguo por las paredes de sus edificios trepaban esas plantas.

Por las páginas de *La Vanguardia* han pasado tres siglos de historia

Aunque el nomenclátor municipal no lo recoge, esa pequeña calle llevaba anteriormente el inquietante nombre de Las Ratas, atribuible, según la tradición popular, a la abundancia de dichos roedores.

Un interesante artículo de Xavier Theros en *El País*[5] da cuenta de la existencia indeseada de esos roedores en muchas de las calles de la ciudad y lo ilustra precisamente con una foto de la calle de Les Heures, la de las Ratas. En el edificio que ocupa los números 4 al 10 de dicha calle, ocupados hoy por la oferta hostelera, se instaló en 1881 la redacción y el taller de un periódico que haría

---

4. http://www.espiritismo.cc/Descargas/Revistas/luzyunion/1908/10.pdf

5. http://elpais.com/diario/2011/08/17/catalunya/1313543250_850215.html

y hace historia, *La Vanguardia*, que salió entonces con el epígrafe de *Diario político de avisos y noticias* ligado al Partido Liberal de don Práxedes Mateo Sagasta. En 1888 se trasladó a la calle Barberá y en octubre de 1903, *La Vanguardia*, convertido ya en un diario moderno, sin filiación política, se trasladó al edificio modernista de la calle Pelai. Poco más de cien años después, en abril de 2004, trasladó su sede a la Avenida Diagonal, junto a la plaza de Francesc Macià.

La calle de Les Heures tiene también su historia–leyenda más allá de la creación de un diario de prestigio. La leyenda afirma que hay otra versión sobre el nombre de la calle de Las Ratas y que se refiere más bien a la etimología del término que raya en lo mágico. Se cuenta que en ese lugar, el que ocupa la pequeña calle de Les Heures, estuvo situado un oratorio musulmán en los escasos años que la ciudad fue ocupada por los invasores sarracenos, ente 718 y 801. El nombre árabe que define a ese oratorio es el de *rápita*, que evolucionó a *rapta* y de ahí a *rata*. No existen documentos que aclaren quién era el alfaquí, o experto en el Corán que estaba enterrado en ese lugar, pero tiene sentido pues a estos destacados "santos" de la religión islámica se les enterraba y se levantaba un santuario en las cercanías de un curso de agua, que en este caso era obviamente la actual Rambla.

La plaza de las Comadronas

En la Edad Media, cuando todo era mágico, divino o demoníaco, no había ninguna profesión que escapara de la connotación religiosa, para bien o para mal. Tal era el caso de las comadro-

En algunas ocasiones, las comadronas fueron consideradas brujas injustamente.

nas, tenidas por mujeres medio brujas que ayudaban en el nacimiento y
que muchas veces debían certificar
la muerte del bebé o de la madre. Su
habilidad, su cercanía a la vida y a la
muerte y el hecho de que muchas
veces fueran también sanadoras, las
hacía objeto de sospecha por parte
de las autoridades y muchas veces
acababan en la hoguera. No era aje-
no el hecho de que, entre las mujeres, existía todavía una fe oculta en
creencias ancestrales como los de la
diosa madre y a veces, las oraciones
de la mujer que iba a dar a luz y de
la comadrona que la atendía iban dirigidas no a la Vírgen María, sino a

Las prácticas demoniacas se
relacionaban con el culto a Lucifer.

Lucina, la diosa del panteón romano que cuidaba de los bebés
recién nacidos. En Barcelona, las comadronas se reunían en un
pequeño ensanchamiento existente donde la calle Cecs de la Boquería se junta con la calle de la Boquería donde las podían encontrar cuando alguien precisaba de sus servicios. Aunque su
nombre nunca se inscribió en la nomenclátor de la ciudad, el
vulgo la conocía como la plaza de las Comadronas.

El concepto de «bruja» no se desarrolla en Europa hasta el año
1400 en que la Iglesia incorpora a su doctrina la creencia popular
de los poderes mágicos e infernales de las mujeres que hasta entonces habían ejercido como sanadoras, parteras o hechiceras al
estilo de las precristianas. En la sociedad posterior a la cristianiza-
ción del Imperio romano se había considerado a estas mujeres, libres de las ataduras del matrimonio por lo general, como conti-
nuadoras de la vieja religión pagana y depositarias del saber ancestral relacionado con la naturaleza, los remedios basados en las

hierbas y también los conjuros mágicos. Fue a partir de 1484 cuando el poder, eclesiástico y civil, vio en ellas un peligro para la uniformidad de la sociedad y la preponderancia del clero y la nobleza, y las convirtió en delincuentes, «brujas» endemoniadas y objeto de represión. El Papa Inocencio VIII publicó la bula *Summis desiderantis affectibus* en la que manifestaba: «Uno. La brujería es una realidad. Dos. Se funda en un pacto con el diablo y tres, ese pacto se basa en la negación de la fe cristiana». San Agustín y Santo Tomás de Aquino, en sus escritos, identifican entonces la brujería como un pacto con el diablo, el único modo según ellos de tener esos poderes de curación o los imaginarios de volar o predecir el porvenir. Para la creencia popular, la bruja era siempre un caso aislado, una mujer especialmente dotada, pero para la Iglesia y en especial para la Inquisición, se trata ya de una sociedad secreta, una secta presidida por el demonio a la que había que combatir mediante el fuego. El primer «auto de fe», quemando a mujeres consideradas brujas, había tenido lugar en Toulouse en 1275, cuando la Inquisición quemó a Ángela de la Barthe, acusada de comer carne de un niño y tener relaciones (sexuales) con el demonio. El último auto de fe en España tuvo lugar en Logroño en 1610 contra doce mujeres de la localidad navarra de Zugarramurdi, aunque hubo procesos posteriores que no acabaron en la hoguera, uno de ellos en Sevilla en 1789. El último en Cataluña, del que se tenga noticias, fue el juicio contra María Pujol, conocida como La Napa, oriunda de Sant Feliu de Lluçanés donde ejerció sus malas artes. Fue condenada y ejecutada por la muerte de la niña María Anna Rimbau, a la que asesinó, cortó un brazo y extrajo el hígado para preparar una pócima. La Napa fue ahorcada el 8 de enero de 1767.

El papa que pactó con el diablo

En el lugar donde se levanta hoy lo que queda del Palau Reial Mayor, es decir el Salón del Tinell, el Palau del Lloctinent y la capilla de Santa Àgata, estuvo desde el siglo IX un anterior palacio, visigótico, sede de los Condes de Barcelona. Cuenta la historia, teñida de leyenda, que en este palacio, ocupado por el conde Borrell II entre 947 y 992, se alojó durante un tiempo, alrededor

del año 967, Gerbert d'Aurillac, clérigo francés que llegaría a ser papa con el nombre de
Silvestre II entre 999 y 1003. D'Aurillac llegó
a la corte del Conde de Barcelona desde su
Auvernia natal. Erudito, estudioso y ansioso
de saber, el que sería el primer papa francés
en la historia, había estudiado gramática, re-
tórica y dialéctica en el monasterio de Saint
Geraud y viajó a Cataluña para entrar en
contacto con los eruditos en matemáticas,

Silvestre II, primer papa de
origen occitano.

geometría y astronomía de la época, los árabes instalados en Al–
Andalus y fronterizos con el Principado. En tiempos en que la
convivencia entre el reino musulmán de Al Andalus y los reinos
cristianos del norte era bastante pacífica, el intercambio cultural
entre ambos mundos era fluido aunque siempre con una influencia notable de la superior cultura árabe, mucho más avanzada que la guerrera y feudal de los visigodos. Gerbert d'Aurillac
estudió árabe y matemáticas durante tres años en el monasterio
de Ripoll, en la ciudad de Vic y en Barcelona donde fue discípulo
del arabista Sunifred Llobet. Con la formación necesaria realizó
un viaje a Córdoba y Sevilla
donde completó sus estudios
de matemáticas adoptando
después en su pontificado la
numeración árabe que usa-
mos hoy en día en lugar de la
romana, utilizada hasta entonces.

La leyenda dice que fue en
el Palacio barcelonés donde
Gerbert d'Aurillac hizo un
pacto con un demonio al que
los sabios árabes tenían ence-

La figura del diablo ha sido representada
con imágenes tan diversas como terribles.

rrado en una cabeza de oro. Este demonio le envió a un súcubo, un demonio femenino especialmente hermosa, para que vigilara que Gerbert cumplía el pacto. En contra de lo que podría parecer, fue Gerbert quien sedujo al demonio femenino que se enamoró perdidamente de él, renunció a su inmortalidad y se transformó en mujer mortal para compartir su vida con su amado. Eso afirma la leyenda, la historia, que no siempre es más auténtica, dice que Gerbert y su amante vivieron maritalmente en Roma, siendo ya papa Silvestre, y añade la leyenda que están enterrados juntos en San Juan de Letrán y que en el aniversario de su muerte, la tumba rezuma un elixir afrodisiaco.

Los condenados de la plaza Garriga i Bachs

Uno de los monumentos menos nombrados y conocidos de Barcelona es el situado en la Plaza de Garriga i Bachs, situada frente a la entrada al claustro de la Catedral, un mural donde se recuer-

El conjunto en honor de los héroes muertos en 1809 es obra de los escultores Josep Llimona y Vicenç Navarro, junto al arquitecto Pere Benavent.

da a los patriotas ajusticiados por el ejército francés de ocupación en 1809. En el espacio ocupado por la plaza hubo un edificio propiedad de Andreu Garriga i Bachs, concejal del Ayuntamiento de Barcelona, que lo derribó y donó el terreno para la apertura de la placeta y la construcción del monumento. Entre lo que es la actual plaza y el claustro de la Catedral estuvo emplazado un antiguo cementerio, probablemente de época anterior a la catedral gótica, y como suele ser habitual, alrededor de este emplazamiento corrieron las leyendas sobre aparecidos. Se dice que, incluso cuando ya el cementerio había sido removido, la noche de Difuntos, del 1 al 2 de noviembre, las almas en pena enterradas en ese cementerio, aparecían para desfilar en procesión por las calles adyacentes, en silencio y portando antorchas encendidas. Naturalmente nadie se atrevía a salir de sus casas para verlo directamente, pero se oían las pisadas sobre el empedrado. Allí se habían enterrado tanto gentes normales como condenadas a la horca y se dice que eran éstos, cumpliendo condena en el infierno o el purgatorio, los que salían en aquella noche lúgubre. Otra leyenda parecida es la que cita el cementerio adyacente, situado donde hoy está la plaza de Sant Felip Neri, lugar de ejecución de condenados a la horca.

El residente de La Paloma

Apenas a unos metros de la Ronda de Sant Antoni, en el número 24 de la calle de La Paloma, sobrevive un pequeño hotel en el lugar en que, hace más de ciento setenta años abría sus puertas la fonda La Paloma, una de tantas que poblaban las cercanías de la antigua muralla, ya desaparecida por entonces. En esa fonda, en agosto de 1877 se alojó un individuo misterioso, español aunque residente en Francia, llamado Antonio Montes. Ese individuo se había presentado unos meses antes, en febrero del mismo año, en casa del químico barcelonés Baltasar Amil,

Antonio Montes aseguraba haber descubierto una mina extraordinaria dentro de una cueva.

ofreciéndole la exclusiva de la explotación de una rica mina de plata en algún lugar del Pirineo. Suspicaz, Amil se reservó su opinión y el tal Antonio Montes desapareció una temporada hasta que el químico Baltasar Amil recibió una carta tiempo después, remitida desde la localidad francesa de Bagneres de Luchon, en la que Montes le explicaba que su mujer había sufrido una enfermedad, lo que le había impedido ponerse en contacto con él de nuevo, pero que seguía en pie la oferta sobre la mina. A continuación, le invitaba a desplazarse hasta Benasque, en el pirineo de Huesca, para visitar juntos el yacimiento y asegurarse de su gran riqueza. En consejo familiar, Amil y su esposa decidieron que no era una buena idea semejante viaje pues, en 1877 las comunicaciones en aquellos lugares montañosos eran ciertamente difíciles. Así fue como a mediados de agosto, Baltasar Amil y su esposa se encontraron con la visita inesperada de Antonio Montes. Convincente, amable y con mapas y documentación, Montes convenció a Amil que existía la plata y al quejarse de la incomodidad de la Fonda de La Paloma, los Amil le invitaron a quedarse en su casa. Unos días después, Baltasar Amil y su esposa viajaron a Gràcia para disfrutar de sus fiestas y regresaron con un hermano de la esposa, José Torres, al que pusieron al tanto del asunto de la plata. Todo estaba decidido y al día siguiente los tres hombres, Amil, Montes y Torres salieron en tren hasta Barbastro donde tomaron unos caballos y un guía para dirigirse a Benasque. Desde Benasque, emprendieron el camino hacia el Pic de la Capa donde, según Montes, se encontraba la mina. Sorprendidos por una lluvia torrencial, Amil y su cuñado aconsejaron dirigirse hacia el Hostal de Francia, un refugio de montaña de camino a la frontera, pero Montes insistió en seguir el viaje y resguardarse en una cueva junto a la mina, ya cercana. Así lo hicieron y tras secar la ropa se tumbaron a dormir en el interior de la cueva con una buena hoguera. El relato de José Torres siguió entonces con que le despertó un estruendo y un dolor agudo en el costado. Se encontró con una herida de bala y con el cuerpo de su cuñado, Baltasar Amil, muerto de un disparo a su lado. Antonio Montes había desaparecido, pero sin llevarse el dinero que Amil llevaba encima. Torres salió como pudo de la cueva y ayudado por unos pastores pudo llegar al hostal donde curaron su herida. El individuo conocido como Antonio Montes fue detenido días después en Nimes e identificado por Torres y tras el oportuno juicio fue condenado a muerte, pero nunca se pudo averiguar la causa del crimen.

Margarita Xirgu y el Romea

En el número 51 de la calle Hospital se encuentra desde 1863 el Teatro Romea, ocupando parte de los terrenos que habían acogido al convento de San Agustín, el destinado a la biblioteca, derribado todo él en 1835. Se abrieron sucesivamente en ese mismo lugar dos modestos teatros, el Teatro de San Agustín, que cambió su nombre por el de Odeón, y el Teatro del Hospital. El edificio del Romea, de tres plantas, fue una iniciativa privada que nació al calor de la Renaixença catalana con la intención de re-

Para Margarida Xirgu, no soñar era igual a no existir.

En un siglo y medio de historia, por el escenario del Romea han pasado las figuras más destacadas del teatro catalán.

presentar sobre todo obras en catalán, de ahí que su primer nombre fuera el de Teatre Català y que tuviera durante muchos años como director artístico, desde 1870 hasta 1895, a Frederic Soler, «Pitarra». La Guerra Civil de 1936 a 1939 fue la causa de que cerrara el teatro y cuando volvió a abrirse tardó unos años, hasta 1945, en volver a recoger el repertorio en catalán. Pero el Romea, además de una larga tradición, tiene algo de lo que solo algunos teatros escogidos pueden presumir, un fantasma. Según todos los indicios, ese fantasma podría ser el de Margarita Xirgu, la gran actriz nacida en Molins de Rei en 1888 y muerta en Montevideo, exiliada, en 1969. *La Xirgu* fue una de las estrellas de aquel escenario aunque, militante republicana, al estallar la Guerra Civil realizó giras constantes para apoyar a la República contra los rebeldes fascistas. Nadie ha podido demostrar que sea su fantasma el que se pasea por el teatro Romea cuando está cerrado y silencioso, pero la gente que trabaja en él lo sabe. *La Xirgu*, como se la conoció en su época, fue contratada en 1906 por el Romea, el teatro que la lanzó a la fama y en él debutó el 8 de diciembre de 1906, haciendo el papel de Blanca en *Mar i cel* de Àngel Guimerà. La Guerra Civil la afectó profundamente, como a toda la intelectualidad progresista en España, y en el exilio añoró siempre a su Barcelona y al Romea y sus restos mortales, y tal vez su fantasma, volvieron a Barcelona en 1988 para descansar en su localidad natal.

Uno de los jefes de sala del teatro, tenido como persona racional y poco dada a creer en apariciones, aseguró en una entrevista que había visto cosas extrañas por algunos rincones del teatro, por dónde prefiere no pasar. Ruidos que no se sabe de dónde salen, objetos que caen inexplicablemente y una vez, afirma que vio deslizarse por la platea una figura transparente y luminosa, de mujer sin duda. El sábado 10 de septiembre de 2011 se estrenó en el escenario del Romea la obra *Llum de guardia*, de Sergi Pompermayer y Julio Manrique inspirada en el fantasma de Margarita Xirgu. Una de las actrices secundarias del elenco afirmó en la rueda de prensa de presentación que ella, sin duda, había visto al fantasma de *la Xirgu* paseando por el teatro.

El fantasma de la iglesia del Pi

La pequeña y extraña calle de Perot lo Lladre, que tiene forma de L mayúscula, fue abierta probablemente en el siglo XVI o tal vez antes y dedicada a Pedro Ladrón Ridaure, caballero aragonés al servicio de Jaume II, de quien se dice que era muy amigo del rey. El nombre de la calle, catalanizado, Perot lo Lladre, le fue impuesto en 1865 refiriéndolo más bien al famoso ladrón y salteador Pere Rocaguinarda que vivió y realizó sus fechorías en la primera mitad del siglo XVII. La leyenda, siempre más interesante que la historia, cuenta que en ese lugar, donde se abre la calle, existe una cueva subterránea donde Rocaguinarda, *lo Lladre*, se escondía cuando entraba a Barcelona desde su escondrijo en el Montseny para realizar alguno de sus «trabajos». Una de

Destruida en un incendio en 1936, el espectacular rosetón de la iglesia del Pi, fue reconstruido una vez finalizada la contienda.

esas noches en las que Rocaguinarda descansaba en su refugio, oyó una lastimera voz de ultratumba que decía «¿Quién me ayudará?, ¿quién me ayudará?». Hombre aguerrido y valiente, Rocaguinarda no se asustó como otros vecinos y salió de la cueva para averiguar de dónde salía la voz. Otras versiones de la leyenda dicen que Rocaguinarda se coló en la cercana iglesia del Pi y fue allí donde oyó la voz, pero sea como fuere el caso es que ya dentro de la iglesia se la apareció el sacerdote de la misma, fallecido hacía muchos años. El fantasma le contó que unos días antes de su muerte había oficiado una misa sin ayudante, algo que no estaba permitido y que no había tenido tiempo de reparar el agravio antes de morir, por lo que estaba preso entre el purgatorio y el templo hasta que un alma caritativa le ayudara a celebrar la misa «como Dios manda». Rocaguinarda, dominando el miedo, aceptó a servirle de monaguillo, se celebró la misa y el sacerdote quedó liberado. Como pago al ladrón, antes de desaparecer rumbo al cielo, el sacerdote le dejó a Rocaguinarda la promesa de que redimiría su vida de delincuencia y lo convertiría en hombre de bien. Poco después, Perot lo Lladre recibió la oferta de alistarse como oficial del Ejército y servir al rey en Italia, lejos de las personas que le querían mal. El ladrón aceptó y en la iglesia del Pi no se han vuelto a oír lamentos.

El galés trastornado

El numero 23 de la calle Ample, un elegante edificio de los muchos que

La calle Ample era una de las calles nobles de la Barcelona antigua.

pueblan esa calle, fue escenario el día 24 de febrero de 1893 de uno de esos crímenes inexplicables, aunque esclarecido, que a veces han sucedido en Barcelona. Sobre las once y media de la mañana de ese día, un ciudadano británico, galés, llamado Samuel Willié, se presentó en el edificio, citado en el despacho de los hermanos Bofill, empresarios del carbón y miembros de una de las familias más destacadas de la Barcelona industrial de finales del siglo XIX. Willié había anunciado su presencia apenas una hora antes, por teléfono, desde las oficinas de las empresa carbonífera que representaba, Wats–Ward, situadas en la entonces llamada calle Conde del Asalto, hoy Nou de la Rambla. En el despacho de los Bofill le recibió Josep Bofill quien llamó a su hermano Joan para que participara en la firma de un contrato de suministro de carbón galés que Willié les ofrecía. Nada más entrar Joan Bofill en el despacho, Willié sacó un revólver del bolsillo del abrigo y disparó a la cabeza de Josep matándole en el acto. Horrorizado y ágil, Joan trató de arrebatar el arma del homicida pero éste le disparó por dos veces hiriéndole en la oreja y en la cadera. Fuera de sí, Willié hizo dos disparos más sin alcanzar a nadie y Joan Bofill pudo huir mientras aparecían más familiares que Willié tiroteaba, afortunadamente muy nervioso y con poca puntería. Finalmente, el pistolero huyó corriendo por la misma calle Ample y la de Carabasa acosado por algunos vecinos y comerciantes hasta que los soldados de guardia en la Capitanía le detuvieron y redujeron. Nunca se supo qué impulsó a Willié a semejante desatino, pero tras él dejó el cadáver de Josep Bofill, hombre muy apreciado en la ciudad.

Las investigaciones posteriores aclararon, en parte al menos, la personalidad del asesino. Willié era miembro de una familia con una peligrosa herencia genética de perturbaciones psíquicas y una exacerbada religiosidad. Había sido pastor anglicano y después de dejar el oficio religioso había formado con varios socios la empresa de comercialización de carbón. Su intención al viajar a Barcelona era la de suministrar su carbón sin intermediarios a los consumidores industriales barceloneses, pero los primeros fracasos en la negociación le sumieron en la desesperación. Su decisión de vender las toneladas de carbón que acababan de llegar de Cardiff a los Bofill fue únicamente ante la imposibilidad de comercializarlo él mismo, pero fue incapaz de asumir un simple revés en los negocios y adquirió un revolver primero con la intención de quitarse la vida y después tomando la decisión de atacar a los Bofill. En el juicio posterior, sus defensores demostraron la incapacidad mental del señor Willié quien finalmente fue absuelto y expulsado de la ciudad bajo la responsabilidad de un funcionario del Consulado británico.

La Casa de la Bruja

En la esquina de la calle del Bisbe con la plaza de Garriga i Bas se encuentra la llamada Casa de la Bruja, un pequeño rincón de la antigua Barcelona casi desconocido y que suele pasar desapercibido para los transeúntes. De por qué se la llama así y qué es lo que había, o hay, en ella, no existe una respuesta clara porque, como tantas cosas misteriosas, no se encuentra explicación en documentos, libros o periódicos, solo en la tradición oral o en el recuerdo de algunas personas. Se dice que en ese pequeño espacio, apenas una habitación llena de cachivaches extraños, había una mujer misteriosa que echaba las cartas y profería conjuros mágicos para ayudar a los que acudían a ella para espantar enfermedades y males, recuperar amores perdidos o a perjudicar a quien les había hecho daño. Hubo mucho tiempo en que la persiana estaba abierta a medias y el interior velado por una cortina, pero ahora hace años que la

Las cartas del Tarot, un recurso para adivinar el futuro.

persiana siempre está abajo y se va perdiendo el recuerdo de la bruja que la habitaba. En otros tiempos, anteriores a la época en que allí trabajaba la bruja, ese lugar era el elegido para sesiones de espiritismo. Corría el año de 1890, en pleno auge del espiritismo en Barcelona y seguramente en toda Europa.

La bomba y la cerámica

En la esquina de la calle Ferran con la plaza de Sant Jaume, hoy en día ocupada por una entidad bancaria y un restaurante, estuvo situada una exquisita tienda de cerámicas, La Cartuja de Sevilla, que comercializaba los productos elaborados por esa firma. El jueves 17 de noviembre de 1904 tuvo lugar un violento suceso a las puertas de la tienda. Eran poco más de las seis de la tarde cuando una violenta explosión sacudió la calle Ferran y sus alrededores provocando un auténtico desastre que produjo tres muertos y una decena de heridos además de grandes destrozos en el escaparate de La Cartuja e incluso en el cercano Ayuntamiento. El relato de lo sucedido, publicado en los periódicos, fue de gran dramatismo, pues los heridos, entre ellos un funcionario municipal que llegó a ver el cesto donde se ocultaba la bomba, resultaron con gravísimas heridas. El relato de cómo llegó la bomba a la calle Ferran entra dentro de la historia negra de Barcelona y de la extrema violencia iniciada por aquella época y que culminó en la Guerra Civil. La bomba la llevaba un anarquista italiano llamado Virgili, relacionado con el tristemente célebre Joan Rull, y su plan era entregarla al funcionario municipal Sebastián Llupià que, sin saber lo que era, debía llevarla al Ayuntamiento. El plan original era colocar el artefacto en las dependencias municipales utilizando para ello a un anarquista, empleado en él, llamado Alfredo Picoret, pero plan fracasó porque era muy conocida la militancia de Picoret. El «plan B» era colocar el artefacto en el Palacio Episcopal, pero la extrema vigilancia y la precipitación lo hacían imposible, así que se optó por el plan de Sebastián Llupià con tan mala fortuna que la bomba estalló en el momento de la entrega. Llupià y Virgili resultaron muertos en el acto. El resto de implicados, entre ellos Rull, no pudieron ser identificados en ese momento.

Joan Rull era uno de esos personajes ambiguos, ideal para la novela de espionaje. Terrorista, confidente de la policía, anarquista o extorsionador, todo ello a la vez, la principal actividad de Rull era colocar bombas que después desactivaba previo pago de un «rescate». Sus conocimientos y habilidades eran utilizadas tanto por los comités ácratas de la ciudad como por la policía y aunque murió a garrote vil en 1908 acusado de terrorismo, había prestado grandes servicios al Gobierno que gràcias a sus actividades pudo aprobar una Ley Antiterrorista que, entre otras medidas, establecía la obligación de que en los bloques de viviendas hubiera un portero. Rull, nacido en Barcelona en 1881, fue autor de la colocación y explosión de una decena de bombas, una de ellas en la Boquería, otra en el barriada de la Creueta del Coll, o la de la calle Ferran. En el momento de su detención se detuvo también a toda su familia, implicada en sus actividades.

La Rambla, el eje urbano

El café del Cojo

Frente al Teatro Principal, llamado antiguamente de la Santa Cruz, existió hasta mediados del siglo XIX un café conocido como Café del Cojo que debía estar, más o menos, en la esquina de la calle Escudillers. La primera noticia que se tiene de ese café data de 1794, en plena guerra contra la Francia republicana, y en él se reunían oficiales del ejército español, del regimiento de la Guardia Valona, donde conspiraban a favor de los ideales republicanos. Naturalmente era un club clandestino y a partir de él y de otros semejantes se fueron creando las "Sociedades patrióticas", de tendencia liberal y republicana, contrarias a la Iglesia y a la monarquía tradicional. A partir de 1821, durante el llamado "Trienio liberal", España y especialmente Barcelona se ven invadidas por italianos revolucionarios huidos de la derrota de su movimiento en Nápoles a manos del ejército de la Santa Alianza. Entre estos italianos llegados a Barcelona hay un nutrido grupo de "carbonarios", una de las sociedades secretas y revolucionarias más activas de la época, disidentes de la masonería, mucho

La coexistencia de republicanos, monárquicos, revolucionarios, carbonarios, comuneros y otros grupos no siempre era pacífica.

más pacífica. El más importante de estos inmigrantes carbonarios fue sin duda el Marqués de Santangelo, que intentó organizar los carbonarios en Barcelona e incluso fusionarlos con los Caballeros Comuneros, sociedad secreta nacida en Castilla. Estos carbonarios tomaron como lugar de reunión y de referencia el Café del Cojo, aunque se extendieron por toda la ciudad y tuvieron incluso un órgano de expresión, el semanario *El Europeo*, fundado por el carbonario italiano Claudio Linati y por Ramón López Soler, donde colaboraban correligionarios españoles. Aunque no ha quedado constancia escrita, por el carácter clandestino del grupo, se supone que Buenaventura Aribau formó parte de los carbonarios y desde luego, colaboró en *El Europeo*.

La sociedad secreta Carbonería fue fundada en Nápoles alrededor de 1805, cuando la península italiana estaba ocupada por Napoleón. Sus miembros eran principalmente miembros de la baja nobleza, intelectuales y burgueses acomodados, todos ellos de ideas liberales e imbuidos del naciente nacionalismo italiano. Esta ideología, mezcla de los ideales de la Revolución francesa y del deseo de una Italia unida les llevó a enfrentarse primero al general Murat, jefe de la ocupación francesa, pero también al rey Fernando de las Dos Sicilias y al Papado. A partir de la salida de los franceses se extendieron por el norte de Italia e inmediatamente se enfrentaron a un nuevo enemigo: Austria y la Santa Alianza, contrarios a las ideas revolucionarias y a una Italia unida.

En 1820, tuvieron un importante papel en la revolución que estalló en Nápoles siguiendo el pronunciamiento de Riego en España y poco después consiguieron también un triunfo en Turín, aunque ese mismo año fueran derrotados y perseguidos por los austriacos y la Santa Alianza. A imagen y semejanza de la masonería, la carbonería utilizaba ritos de iniciación y rígidas jerarquías, en su caso tomadas del gremio de los fabricantes de carbón, de gran influencia en la Baja Edad media italiana.

El editor y la bullanga

En la calle Escudellers, en el número 2, donde hoy un gran bar ocupa la esquina con la Rambla frente al monumento a Pitarra, estuvo situada la imprenta de A. Bergnes y Compañía, donde entre 1833 y 1837 convivía la redacción y la imprenta del diario *El Vapor*, periódico liberal fundado por el editor y revolucionario Manuel Rivadeneyra. Nacido en Barcelona en 1805, Rivedeneyra se hizo famoso a partir de 1841 cuando regresó de hacer fortuna en

Serafí Pitarra fue el pseudónimo del escritor Frederic Soler.

En los primeros decenios del siglo xix se sucedieron convulsos episodios.

América y ya instalado en Madrid, donde murió en 1872, fundó la famosísima Biblioteca de Autores Españoles. Lo que no es tan conocido es que Rivadeneyra fue, según él mismo había confesado, un activista y cabecilla de la bullanga de 1835 y que se destacó en el intento de la quema del convento de San Francisco de Barcelona. Aquel gran motín popular contó también con la presencia, no documentada pero que se supone cierta, de Louis Alibaud, revolucionario francés, nacido en Nimes en mayo de 1810 y muerto en la guillotina el 11 de julio de 1836 acusado de atentar contra la vida del rey Luis Felipe de Orleans. Oficial en un regimiento de infantería, Alibaud se había negado a disparar contra los revolucionarios que en 1830 se alzaron en París contra la monarquía de los Orleans e inmediatamente empezó a conspirar contra el rey. Tuvo que huir a España donde se encontró en Barcelona con la gran insurrección popular y regresó después a París donde, el 25 de junio de 1836, hizo varios disparos contra Luis Felipe ante el palacio de las Tullerías lo que le acarreó la pena de muerte aunque no llegó a herir al rey.

El Café de la Noria

Justo al lado del Teatro Principal, en el número 29 de la Rambla, existió un café conocido como Café de la Noria, aunque también tuvo el nombre de Café del Rincón porque quedaba casi oculto por la fachada del teatro. En el patio había una noria

El Portal de l'Àngel fue conocido hasta 1865 como la Avenida Fivaller.

que sacaba agua de un pozo con fama de ser un agua fresca y cristalina, de ahí el nombre del café. Ese local adquirió en el primer tercio del siglo XIX fama de revolucionario pues en él se daban cita los personajes más progresistas de la época y tuvo un importante papel en la rebelión de las bullangas de 1835. En la noche del 4 al 5 de agosto de ese año, después de los terribles sucesos del día 25 de julio, se orquestó un nuevo alzamiento contra el general Llauder, comandante militar en Barcelona y responsable de la marcha de las operaciones de guerra contra los carlistas. De aquella reunión salió la caza del general Basa, enviado por Llauder para terminar con la revuelta. No hay reseña de la época sobre quién o quiénes estuvieron en aquella reunión, pero sí se sabe que eran mayoritariamente jóvenes de buena familia, liberales y enfurecidos contra la pasividad de las autoridades en la represión de las partidas carlistas.

El general Basa acabó asesinado por un grupo de revoltosos en el edificio de la Capitanía. Su cadáver fue arrastrado por las calles en medio del júbilo popular y en el libro de *Les bullangues de Bar-*

celona[1] se da por hecho que la persona que mató directamente a Basa, de un tiro de pistola fue un joven de 14 años, arropado naturalmente por el grupo que asaltó la Capitanía.

Una bomba en la Rambla

En el número 12 de la Rambla, donde hoy se ubica un restaurante de los muchos que hay dedicados al turismo, estuvo el almacén de un fabricante de telas de Mataró llamado Mas. El día 5 de junio de 1884 tuvo lugar frente al almacén un atentado con explosivo que causó un muerto y varios heridos. No era la primera vez que estallaba un artefacto en Barcelona, pero sí fue ese el primer muerto causado por un hecho semejante, con la característica de que el fallecido no tenía nada que ver ni con el destinatario del explosivo ni con el autor. El hecho ocurrió sobre las diez de la mañana cuando alguien depositó en la entrada del almacén un envoltorio de papel de periódico del

La bomba de la Rambla de Santa Mónica causó la muerte de un joven.

que salía una columna de humo. Un joven, que circulaba por la acera, se percató del paquete y entró en el almacén para avisar

1. Josep M. Ollé Romeu. Edicions El Mèdol.

de su presencia, pero otro, un muchacho de quince años que viajaba en aquel momento a bordo de un tranvía, bajó de él y se acercó a observar el paquete sospechoso que en aquel momento hizo explosión matando al joven en el acto. El paquete suponía un salto cualitativo en los atentados con explosivo pues ya no eran unos cuantos cartuchos de dinamita atados, sino algo más sofisticado, una estructura de hierro rellena de pólvora. El relato sobre el artefacto hace pensar que se trataba de algo menos sofisticado que la llamada "bomba Orsini", que sería utilizada años después, en 1893, en los atentados del Liceu.

No es casualidad que Barcelona fuera llamada "La ciudad de las bombas" pues los anarquistas de la ciudad fueron entusiastas seguidores de las ideas de Malatesta o Nechayev, "la propaganda por la acción" y los atentados con bomba por toda la ciudad fueron una constante a lo largo de la segunda mitad del siglo XIX. En general los atentados iban dirigidos contra los burgueses, industriales o comerciantes, íntimamente ligados con las luchas obreras de la época. La lista de atentados se haría interminable y abarca un periodo que se puede seguir en la prensa desde 1880 hasta el estallido de la Semana Trágica que marca un cambio en la estrategia revolucionaria. Desde el cartucho de dinamita puro y simple hasta la sofisticada bomba Orsini, los autores van perfeccionando sus artefactos, pero siempre con la característica de la acción individual, tanto del autor como del objetivo.

Leyenda del Palau Güell

Los visitantes y los residentes pueden admirar en el número 3 y 5 de la calle Nou de la Rambla, una de las joyas del modernismo barcelonés, el Palau Güell, construido en 1880 por Antonio Gaudí a petición de su amigo y protector Eusebio Güell que no quiso seguir la moda de la gran burguesía barcelonesa que se es-

Detalle de forja del Palau Güell.

taba instalando en el nuevo Eixample, especialmente en el Paseo de Gràcia y alrededores. Güell vivió allí entre 1888 y 1910, año en que se trasladó a vivir al palacio del Parque Güell. El edificio de Nou de la Rambla tuvo una agitada vida pues en julio de 1936 fue requisado por los anarquistas de la CNT–FAI que lo utilizaron como comisaría y como centro de detención hasta 1939. No obstante, de la historia anterior de ese lugar se conocen menos detalles pues en realidad, Gaudí no construyó el edificio de nuevo, sino que hizo profundas reformas y una decoración modernista sobre la estructura del edificio anterior. En realidad eran dos los edificios colindantes que Gaudí utilizó para su flamante palacio, el número 3 propiedad de Maria Toll i Serra, y el número 5 de la familia Boada Mas. En el número 3 se levantaba un edificio conocido popularmente como de l'Avemaria o de la Por a causa de los gritos y los lamentos que se oían claramente todas las noches. Los traseúntes que se atrevían o se sentían necesitados de pasar por delante, se santiguaban y rezaban un avemaría, de ahí el nombre. La historia, trágica, que encerraban aquellas paredes no se conoce, pero el recuerdo de aquellos lamentos aun estaban presentes a finales del siglo XIX. Acabada la Guerra Civil de 1936–1939, el edificio volvió a ser propiedad de los Güell, pero los vecinos del barrio aún lo miran con prevención porque esporádicamente se oyen algunos lamentos que podrían ser aquellos antiguos que no han abandonado la zona o los de los fallecidos en la siniestra prisión de finales de la guerra.

El Siglo y «el santet»

Donde hoy se ubica el Teatro Poliorama y el cercano Hotel Le Meridien, en el número 115 de la Rambla, en el tramo conocido ante-

Los almacenes El Siglo ocupaban los números 3, 5 y 7 de la parte de la Rambla conocida como Rambla de los Estudios.

riormente como Rambla de los Estudios, estuvieron situados entre 1881 y 1932 los almacenes El Siglo, el primer macro comercio de Barcelona pensado para las clases altas, símbolo del auge económico y comercial de la ciudad. Tenía siete pisos y ocupaba un amplio espacio que incluía parte de la calle Xuclà y ofrecía a los barceloneses una amplia variedad de productos no vista hasta entonces. Los almacenes El Siglo desaparecieron con un terrible incendio el día 25 de diciembre de 1932, cuando los barceloneses se disponían a hacer sus compras de Navidad. Cuenta la leyenda que un joven empleado de los almacenes, Francesc Canals Ambrós, predijo con 33 años de anticipación el incendio que acabaría destruyendo el orgulloso local. El muchacho, que murió en 1899 cuando tenía solo 22 años, era conocido entre sus compañeros de trabajo, casi todo mujeres, como «el santet» por su buen carácter, su religiosidad y su capacidad para adivinar el futuro. De hecho, «el santet» llegó a predecir su propia y temprana muerte que le sobrevino a causa de la tuberculosis.

Francesc era hijo de una humilde familia residente en la plaza de la Llana. Su padre, ciego, fabricaba esteras y a los 14 años, Francesc

Francesc Canals i Ambrós, «el Santet».

consiguió el trabajo en El Siglo donde enseguida se hizo apreciar. Cuando murió, empezó a correr la voz de su santidad y su capacidad de hacer milagros, de tal modo que las jóvenes trabajadoras de El Siglo acudían a rezar su tumba, en el cementerio del Poble Nou, y a llevarle flores cuando iban a contraer matrimonio para que les diera suerte. La lápida que cubre su nicho tiene una grieta que, afirman, se abrió sola cuando la colocaron para sustituir la primitiva que se había agrietado, ¡en el mismo lugar y con la misma forma!. Los que se atreven a entrar de noche dice que a través de la grieta puede verse una luz y que esa luz es el más allá donde mora «el santet».

El hombre de confianza

No es muy conocida la Casa dels Paraigues, en el número 82 de la Rambla, ocupados sus bajos hoy en día (¡cómo no!) por una entidad bancaria. El edificio fue construido por Josep Vilaseca en 1883 para la familia Bruno Cuadros y en sus bajos se instaló una tienda de paraguas, de ahí el nombre con el que se la conoció popularmente. Como heredera de la tienda de paraguas estuvo durante muchos años la prestigiosa Beristain, de artículos deportivos, en especial material de alta montaña y escalada. Antes de la construcción del edificio, el solar estaba ocupado por una edificación de una sola planta que albergaba una bacaladería a cuyo dueño se le conocía en el barrio como Pau Lladre y a la tienda como Can Pau Lladre. La explicación de tan significativo apelativo está en que, según la creencia popular, Pau había obtenido el dinero necesario para montar su negocio con artes ilegales, muy ilegales. Se decía que Pau había trabajado muchos años en la cercana Ceca, o "Seca" la fábrica de la moneda situada en el número 40 de la calle Flassaders, que funcionó en Barcelona entre 1441 y 1881. Se contaba que Pau, hombre de confianza de La Seca, no era de tal confianza y que cada día se tragaba una de las monedas de oro que se producían en la fábrica y al llegar a casa, mediante el sistema de un purgante, la hacía salir de su "escondrijo". A pesar de que al salir se les registraba a él y al resto de trabaja-

En la fachada destacan elementos de ambientación oriental.

dores, nunca se le pudo hallar el botín, pero se dice que fue así como se hizo con la fortuna que le convirtió en un próspero comerciante. También dicen las malas lenguas que fue su permanente robo el que provocó que, finalmente, La Seca tuviera que cerrar sus puertas, incapaz de contener la pérdida.

El fantasma de la ópera

En los números 51 a 59 de la Rambla se levanta el archiconocido Gran Teatre del Liceu, el coso operístico barcelonés creado a iniciativa de la Sociedad Dramática de Aficionados, una institución impulsada en 1837 por Manuel Gibert entre un grupo de aguerridos miembros de la Milicia Nacional liberal atrincherados en el antiguo convento de Montsiò, ya desaparecido. En 1838, en plena efervescencia económica barcelonesa, se transformó en Liceo filarmónico Dramático Barcelonés de SM la Reina Isabel II. El 4 de abril de 1847 se inauguró el edificio de la Rambla que albergaría al teatro, obra de los arquitectos Miquel Garriga i Roca y de Josep Oriol Mestres a iniciativa de Joaquín Gibert. Los terrenos

utilizados para la construcción fueron, como en muchos otros casos de grandes obras barcelonesas, fruto de la desamortización de los bienes eclesiásticos y en ese caso había sido el lugar donde se erigía parte del desaparecido convento de los frailes Trinitarios, la biblioteca y la escuela fundada por los frailes.

Todo teatro de la ópera tiene su fantasma, no solo la Ópera de París y tal es el caso indudable del Gran Teatre del Liceu. En verdad, el Teatro del Liceu de Barcelona posee un fantasma, o tal vez más; espíritus atormentados que circulan por el edificio y que, según la leyenda, han provocado desastres e incendios continuos. Al contrario que el fantasma de la Ópera de París o de otros como los de Buenos Aires o Londres, los espíritus que rondan por el Liceo no son antiguos miembros de la familia operística o teatral que echan de menos sus días de gloria. En el caso del Liceu sus fantasmas son con toda probabilidad los de los monjes trinitarios enterrados en un viejo cementerio situado precisamente en el terreno donde se levanta la parte más antigua del Gran Teatro. Cuando en 1845 se derribó el monasterio trinitario, nadie tuvo en cuenta el eterno descanso de los monjes y

dice la leyenda que, seguramente irritados, no permiten que el Gran Teatro viva
en paz. Así lo demuestran los dos grandes
incendios, el de 1861 y el de 1994, la bomba de Santiago Salvador en 1893 o el derrumbe parcial del techo en 1944. De hecho, nadie ha visto nunca al fantasma, o
fantasmas, pero tantos desastres sobre un
antiguo cementerio son una prueba de
que algo pasa entre sus castigadas paredes.

No es extraño que los frailes trinitarios
que descansaban apaciblemente en aquel
lugar se sientan irritados pues su destino.

El Liceu quedó devastado
por los incendios.

Removidos por los azadones y picos de los obreros y retirados
como escombro, es algo profundamente desagradecido, ya que
dicha orden tuvo durante siglos la finalidad de redimir y liberar
a prisioneros y esclavos cristianos retenidos por los piratas turcos
o berberiscos en el norte de África. De hecho fueron estos frailes
los que, reuniendo 500 ducados de oro, consiguieron liberar del
cautiverio en la ciudad de Argel, en septiembre de 1580, a Miguel
de Cervantes Saavedra.

A propósito de los desastres e historias de fantasmas que rodean al
Liceo, Joan de Deu Prats, en sus *Llegendes de Barcelona*, detalla la
leyenda que rodea al gran teatro. Afirma Prats que los fantasmas
de los monjes enterrados no se ofendieron porque se derribara el
convento o porque se construyera en sus terrenos un teatro de la
ópera, sino porque en aquel teatro se celebraban también los bai-
les de carnaval en los que se transgredían todas las normas con-
vencionales, perdidas las vergüenzas y las prohibiciones religiosas. Probablemente también se sentirían ofendidos por ciertas
impúdicas representaciones operísticas o de teatro. El caso es que
ciertos espíritus anunciaron a médiums y sacerdotes en trance
que el Liceu sería castigado por «el agua y el fuego». Como queda
dicho, el fuego lo destruyó en 1861 y lo del agua se mostró en la
gran inundación de 1862, recién derribadas las murallas.

El tráfico de gente en el mercado era constante.

Los frailes de Sant Josep

El lugar que hoy en día ocupa el Mercat de la Boquería o de Sant Josep, fue hasta 1835 el convento de San José de los carmelitas descalzos, instalados allí desde 1586. Delante del convento, en el conocido como "llano de la boquería" tenía lugar el mercado al aire libre desde siglos antes y la presión popular hizo que, finalmente, se cedieran los terrenos con convento para construir el mercado después de que en la revuelta de 1835 resultara incendiado el convento. Siempre había estado ocupado por unos cincuenta frailes pero tras la peste de 1821 en la que los frailes trabajaron para socorrer a los afectados por la enfermedad en la Barceloneta, su número se vio muy reducido. Se cuenta, que en los últimos tiempos del convento, la austera regla que dirigía sus vidas se había relajado un tanto y un año por la festividad del Carmen, el 16 de julio, el prior decidió que no era necesario realizar la oración de maitines, a la salida del sol, dejando que los frailes durmieran a gusto. Uno de los frailes, convencido de que la regla debía seguirse a rajatabla, se quejó al prior pero éste no le hizo caso y le despachó sin modificar su decisión. A la hora de maitines, la hora prima del día, se oyeron grandes cánticos en el convento que despertaron a los frailes durmientes. Acudieron todos al coro donde se oía cantar y se encontraron con el lugar lleno de frailes, muchos de ellos desconocidos, pero otros identificados como miembros de la congregación ya fallecidos. Terminado el oficio religioso, los cantores se

retiraron portando antorchas hasta
el cementerio del convento y se metieron de nuevo en sus tumbas abiertas que volvieron a cerrarse sobre
ellos. En el coro, el fraile que se había manifestado ante el prior, yacía
muerto en el suelo.

La reina y la bruja

Desde la Rambla hasta la plaza del
Duc de Medinaceli estuvo situado
hasta 1835 el convento de San Francisco, el más importante de esa orden de los instalados en Barcelona.

Regino introdujo a la reina Sibila en el
mundo de la brujería, ¿o simplemente
cuidaba de ella?

Tras la desamortización, fue derribado en 1835 y en su solar levantado el edificio que ha albergado durante años al Gobierno
Militar y la plaza que lleva el nombre del Duque de Medinaceli,
propietario de los terrenos. En ese convento de San Francisco se
enterraron durante siglos a los reyes y las reinas de Aragón, y una
de estas reinas allí enterrada fue Sibila de Fortià, esposa del rey
Pedro IV de Aragón con el que tuvo una hija, Isabel, que no llegó
a reinar por tener hermanos mayores. Cuando se derribó el convento, los restos de Sibila fueron trasladados a la Catedral, donde
todavía permanecen. Sibila de Fortià recaló en Barcelona hacia
finales del siglo XIV después de pasar largas temporadas en el castillo de San Martí Sarroc y en el de Montcada donde se recluyó
desde la muerte de su esposo en 1387. Durante su estancia en
Barcelona, la reina consorte Sibila acogió en su palacio a una
mujer llamada Reginò, judía y al parecer médica de gran habilidad que, protegida por una cédula real, pudo cuidar de los últimos años de la reina. Para sus enemigos, Reginò era una bruja,
pero pudo ejercer sus labores, fueran de brujería o de medicina,
cerca de la reina.

Para la creencia popular, ser bruja, o brujo, podía ser una cualidad innata, en cuyo caso el sujeto podía decantarse por el bien o por el mal, o bien ser adquirida mediante pacto con el diablo, lo que implicaba necesariamente estar a su servicio, es decir, del mal. En este caso se debía hacer un juramento al diablo que venía a ser el Pontífice Máximo de la brujería negra. La candidata a bruja, casi siempre una mujer, debía en primer lugar renunciar a Dios y al bautismo en una ceremonia oficiada por otras brujas más veteranas. Si se viera obligada a acudir al oficio religioso debía hacerlo con incredulidad, si debía confesarse nunca debía decir la verdad. Tenía prohibido terminantemente decir el nombre de Dios y debía intentar hacer todo el mal posible y transgredir la ley divina. A cambio, el demonio le protegía y le ofrecía toda la ayuda necesaria para llevar a cabo su vida y sus actividades. La ceremonia en la que se sellaba el pacto consistía en el juramento de fidelidad sobre un libro sostenido por un demonio menor. El pacto se sellaba con un acto carnal del demonio y la bruja solicitante. Cuando dicho solicitante era un hombre, el diablo tomaba la forma femenina y el pacto se sellaba de la misma manera. El recién iniciado llevaba entonces una pequeña marca, un pinchazo en la espalda del tamaño de un alfiler. Nunca se podía abandonar al colectivo de brujas, en todo caso podía abandonar el "servicio activo" si aportaba un nuevo miembro a la sociedad.

Mediodía y cocaína

En el tramo final de la Rambla, junto al puerto, se han producido algunos de los cambios más importantes de Barcelona, urbanísticamente hablando. La calle Portal de Santa Madrona, que ocupa el lugar donde se abría la puerta de la ciudad de ese nombre, era el final de una de las calles más importantes del casco antiguo, o el "barrio chino" como se denominaba entonces. Era esta la calle del Mediodía, que iba desde Arco del Teatro hasta la de Portal de Santa Madrona y que desapareció a partir de 1953 cuando fueron derribadas sus casas para abrir la que hoy es la Avenida de las Drassanes y que en aquel año llevó el nombre del general García Morato. La calle del Mediodía era sin duda la más importante del barrio chino, con un trasiego constante que la convertían prácticamente en la

Según las crónicas de la época, en los locales de espectáculos eran habituales los alborotos.

calle mayor del barrio, pero al mismo tiempo era el centro de la delincuencia y el trapicheo del barrio. En sus aceras se acumulaban los antros, las tabernas de mala nota y los prostíbulos más que en ninguna otra calle y eran frecuentes las peleas, las detenciones e incluso los muertos. La crónica local de *La Vanguardia* de final de los ochenta del siglo XIX está llena de noticias de aquella calle con peleas entre las profesionales, tiroteos y suicidios. En fecha tan remota como marzo de 1928 tenía ya lugar en Barcelona un cierto tráfico de cocaína como muestra la detención de un individuo, Manuel Martínez García, que regentaba una taberna en el número 10 de dicha calle. Según el acta policial se le ocupó un frasco con un gramo de cocaína y se descubrió el escondrijo donde guardaba la provisión que iba despachando a sus clientes. Entre los detenidos como cómplices o compradores figuraban personajes tan variopintos como Juan Chaves, apodado «La Canaria», o Enrique de Liego Barrios, llamado «La Iris». Días después, la policía, tirando del hilo, detenía en el número 15 de la misma calle del Mediodía a varios individuos con reconocidos alias como «El Cojo», «Pernales», «el Africano» o «Francisquita» con un total de diez gramos de la misma droga.

Pese a la neutralidad española en la guerra que enfrentaba a media Europa, la actividad en el puerto de Barcelona no quedaba al margen del conflicto.

Radiotelegrafistas

Entre los días 27 y 30 de marzo de 1914, estuvo amarrado en Barcelona el buque *A. Lázaro*, que en aquel momento era propiedad de la Compañía Valenciana de Correos de África, una empresa naviera que comunicaba la península con las posesiones africanas de España. Dos años después, ese buque, un vapor fabricado en 1896, y dos más se incorporaron a la Compañía Transmediterránea, formada por dicha Compañía Valenciana y por Ferrer Peset hermanos, también de Valencia y las barcelonesas Línea de Vapores Tintoré y Sociedad de Navegación e Industria. Pero aquellos días de 1914, Lorenzo Navarro, el radiotelegrafista del Lázaro, recibió una insólita propuesta. Agentes del servicio secreto francés le contrataron para informar de todo movimiento de submarinos alemanes en la costa española del Mediterráneo y de los movimientos de ciudadanos alemanes o austriacos en Barcelona. El pago estipulado fue de 500 pesetas mensuales (una buen sueldo para la época) y el susodicho radio-telegrafista hubo de firmar un documento comprometiéndose al mayor secreto y al servicio leal a Francia. El hecho de que España fuera neutral en la guerra que se estaba desarrollando en Europa, hacía que las actividades de espionaje fueran reprimidas, aunque eso no impedía que Barcelona estuviera llena de espías y agentes de ambos bandos en lucha. De hecho, los radiotelegrafistas de los buques y especialmente los de la Transmediterránea, tenían órdenes del Gobierno español de comunicar todo mensaje que emitieran desde las empresas o el Consulado alemán, incluso de los aparentemente inocentes.

El Raval,
la Barcelona popular

Pianos, fuego y lana

A principios del siglo XIX se abrió la calle Aurora, junto a la muralla en el tramo que ocupaba entonces lo que hoy es la Ronda de Sant Pau. Se le dio el nombre de Aurora a cuenta de la Vírgen de la Aurora, pero tras la Revolución rusa de 1917, el movimiento comunista y anarquista lo tomó como un homenaje el crucero Aurora, cuyos marineros amotinados iniciaron la Revolución de Octubre.

En el número 11 de esa calle estuvo ubicada una de las fábricas de pianos más prestigiosas de Barcelona, Wirth. El día 6 de julio de 1884 un pavoroso incendio en un local cercano, provocó grandes destrozos en el taller e hizo que la calle se llenara de pianos en diversas fases de montaje, sacados a toda prisa para huir del fuego. El incendio se inició en la Ronda de Sant Pau, en un almacén de borra[1] y de ahí se extendió hasta la casa número 22

---

1. Lana sin tejer con la que se rellenaban los colchones.

Los tranvías circulaban por la Ronda Sant Pere, en una imagen bien alejada de la actual.

de la calle Aurora y a las circundantes. Nunca se supo cuál fue el origen del fuego, aunque se sospechó de alguna mano misteriosa.

La fuente de la castidad

Hasta el siglo XVII hubo en la calle que lleva el nombre de Santa Margarida una pequeña capilla dedicada a esta santa, junto a una fuente pública en el huerto que se conocía también con ese nombre. La historia de dicha santa, llamada Marina en la tradición ortodoxa, es una de las habituales del martirologio cristiano relacionado con la persecución, real o imaginaria, en tiempos del emperador Diocleciano y que probablemente nunca existió. Según la leyenda, Margarida (Margarita en castellano) nació en el último tercio del siglo III en la ciudad de Antioquía, en la actual Siria y era hija de un sacerdote pagano, es decir, de alguno de los dioses aceptados por el Imperio romano. A los 12 años, se hizo bautizar influenciada por una criada de la casa de sus padres lo que hizo que su padre, avergonzado, renegara de ella y se viera obligada a ganarse la vida como pastora. La leyenda afirma que, cuando tenía 15 años, se enamoró de ella nada menos que el cónsul de Siria Flavio Olibrio, antecesor del que en 472 sería emperador Flavio Anicio Olibrio. La joven, fervorosamente cristiana, se negó a ceder a los requerimientos del cónsul, defendiendo su virginidad incluso ante la amenaza del martirio. Finalmente fue decapitada después de sufrir el martirio, según la forma cruel habitual en los relatos cristianos.

A pesar de que en el año 494 el Papa Gelasio I declaró apócrifa la leyenda, esta santa, defensora de la virginidad, fue muy venerada durante toda la Edad Media. Se le atribuyeron muchos milagros y uno de los más destacados es el que tuvo lugar en Barcelona a mediados del siglo XVIII. En aquella época, cuando ya se había urbanizado la zona y solo quedaba la fuente junto a la imagen de la santa, se instalaron en los alrededores varios burdeles con la consecuencia de que los usuarios, hombres y mujeres, venían a lavarse sus partes nobles en la fuente junto a la santa. Finalmente, un día, Margarita, horrorizada, descendió de su hornacina y secó la fuente para terminar con aquel desfile. Nunca más volvió a brotar el agua.

El sastre y los celos

En una casa no precisada en el cruce de las calles Robador y Sant Pau, cuenta Joan Amades que allá a principios del siglo XIV vivían una madre y su hija de gran belleza. La hija tenía un enamorado, un joven aprendiz de sastre que la rondaba a todas horas y al que ella también le tenía cierto cariño. No obstante, la muchacha recibía también, halagada, las atenciones de otro joven al que había conocido en una de las fiestas del barrio. Ente-

La horca, un sistema habitual de ejecución.

rado el sastre de que había aparecido un rival, le buscó y se enfrentó a él pidiéndole explicaciones, pero de las palabras pasaron a las obras y finalmente, el joven sastre, en un arrebato de furia y de celos, mató al rival. Detenido, juzgado y condenado fue ahorcado en la patíbulo instalado en el actual Pla del Palau. De resultas del drama, la joven enfermó de pena y murió al poco tiempo con gran consternación de su madre y sus vecinos. Al poco tiempo, los escasos transeúntes nocturnos del barrio, entonces junto al mar, observaron una figura alta y blanca que, con una vela en la mano, se arrodillaba ante la horca y permanecía en recogimiento durante unos minutos para desaparecer después sin dejar rastro. Todos estuvieron de acuerdo que era el alma en pena de la joven que acudía a pedir perdón y a rezar por el alma de su enamorado.

El Bar Rosales

El Paralelo fue hasta bien entrados los años sesenta del siglo pasado, el lugar de ocio más importante de Barcelona, cuajado de cabarets, bares musicales, teatros y salas de fiesta. Uno de los bares más famosos en la primera mitad del siglo fue el Bar Rosales, frecuentado tanto por gentes de posibles como por individuos peligrosos del barrio y policías. Anarquistas, espías, obreros, militares y agentes de paisano acudían allí a tomar sus copas y a hacer un paréntesis en sus diferencias, aunque algunas veces estallaban los conflictos, como en la noche del 12 de septiembre de 1933 en que el limpiabotas del local encontró un petardo con la mecha encendida detrás del piano del local. Le dio tiempo a sacarlo a la calle antes de que explotara, sin causar daños, y el jefe superior de policía de Barcelona, que se encontraba en el local, salió en persecución de los dos individuos que lo habían colocado, aunque sin conseguir detenerlos. El bar, ya desaparecido, estaba situado en el número 80 de la Avenida del Paralelo, justo en la esquina de la calle Sant Pau y anteriormente había sido la Taberna de la Parra. Una de las reuniones más interesantes habidas en ese bar, tuvo lugar a última hora de la tarde del día 28 de abril de 1936. Alrededor de una mesa se juntaron Justo Bueno Pérez, Jaume Riera, Lucio Ruano Secúndez, Vicente Tomé Martín y José Martínez Ripoll, todos ellos miembros de la FAI, la Federación Anarquista Ibérica. El grupo había acordado reunirse en aquel lugar después de una de sus acciones, la más importante que habían realizado hasta el momento, y que fue el asesinato de Miquel Badía, que había sido perseguidor y represor de los movimientos anarquistas desde la Comisaría de Orden Público de la Generalitat. El crimen tuvo lugar aquella tarde en la calle de Muntaner, cerca de su confluencia con la de la Diputació y durante

La terraza del Café Español era un lugar muy conocido.

años no se conoció ni el nombre de la filiación de los pistoleros, protegidos por la CNT–FAI tras el estallido de la guerra.

La personalidad de Justo Bueno, principal actor de aquel drama, asesino confeso de Miquel Badía, da una idea de la composición y el comportamiento de una parte de los anarquistas de la FAI en aquellos duros años. Por un lado, muchos de sus miembros y dirigentes provenían de la delincuencia común, como era el caso de alguno de los implicados en el asesinato de los hermanos Badía. El periodista Josep María Planes, asesinado nada más estallar la guerra por el mismo Justo Bueno al frente de un comando de la FAI, lo denunciaba desde las páginas de los periódicos por lo que firmó su sentencia de muerte. Otra de las características de algunos miembros y dirigentes de la FAI era su cercanía a las tesis franquistas, no solo por su modo de actuar, sino por su anticomunismo y anticatalanismo militante. Tal era el caso de Justo Bueno quien basó su defensa, cuando fue detenido por los vencedores de la Guerra Civil, en su anticomunismo y anticatalanismo. De hecho, Bueno estaba encausado por la Justicia de la República y pedida su extradición a Francia a donde había huido, y al regresar a España anduvo mucho tiempo libre flirteando con la Falange para incorporarse a ella aduciendo su anticomunismo. Justo Bueno acabó fusilado en el Campo de la bota de Barcelona cuando el policía Pedro Polo Borreguero, que había trabajado a las órdenes de Miquel Badía y dirigía la Brigada de Orden Público tras la ocupación de Barcelona por los franquistas, le reconoció en un paseo por la Rambla y se empeñó en condenarle por sus numerosos crímenes.

La bruja en casa

A principios del año 1918 quedó constancia en los diarios barceloneses del hallazgo de un corazón de animal atravesado por varias agujas. El hallazgo tuvo lugar en el tramo de la calle Peu de la Creu más cercano a Riera Alta cuando un barrendero hacía su trabajo. Durante muchos días se discutió en el vecindario la posibilidad de que se tratase de un acto de brujería encaminado a perjudicar a algunas persona residente en alguna de las viviendas de la calle, más cuando se encontró dentro del corazón, un papel con la palabra "morirás" escrita a mano y repetida tres veces. Muy cerca de allí, en la calle de los Salvador, se había producido unos años antes un hallazgo que podría estar relacionado. Un hombre, jornalero de profesión, denunció a su esposa porque, después de algunos episodios de inexplicables de dolores de vientre y un esta-

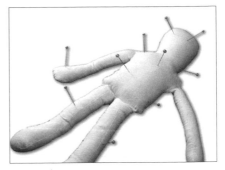

El vudú recurre a un muñeco ensartado con agujas para causar el mal a una persona.

do de nervios inusual, había encontrado bajo la cama una maceta llena de tierra, que su esposa colocaba todas las noches con agujas y unas tijeras enterradas. El juez no consideró oportuno condenar a la mujer, pero tanto el marido como los vecinos estaban seguros que se trataba de un hechizo. La utilización de agujas y vísceras de animales para hacer daño a determinadas personas ha devenido en algo clásico difundido por la literatura y el cine. De esa práctica, la más famosa es la del clásico muñeco de cera con algo como un objeto o pelo de la persona a la que se quiere perjudicar. Clavando agujas en el muñeco, la persona en cuestión recibe un daño que puede ser físico o espiritual.

La cebada convertida en oro

En la misma calle Peu de la Creu, pero en la esquina de la calle dels Angels se levanta todavía una vieja casa rodeada de misterio. En ella, cuenta Joan Amades, que una noche de invierno, una mujer que ejercía el oficio de comadrona oyó como llamaban a su puerta y al abrirla se encontró con un hombre embozado con una larga capa y sombrero. Debió ser el acontecimiento a mediados del siglo XVIII antes de que el ministro Esquilache decretara la desaparición de la capa larga y el sombrero redondo de ala ancha, sustituido por la capa corta y el sombrero de

Esquilache decretó un cambio en el uso de la capa y el sombrero de ala ancha.

tres picos. Pues bien, el hombre pidió a la comadrona que le acompañara a asistir un parto y así lo hizo la mujer. Le acompañó de noche y sin ver siquiera la cara del hombre, lo que denotaba gran valor por su parte, hasta el exterior de la muralla y en una choza muy pobre, tendida sobre la paja húmeda, encontró a una mujer joven a punto de dar a luz. Hizo la comadrona su trabajo con buen resultado y cuando ya la criatura estaba en brazos de su madre, el hombre le confesó que no tenían dinero para pagarle y que lo único que podía darle era unos puñados de cebada, lo que pudiera coger en su delantal. Vista la pobreza de la familia, la comadrona aceptó y se llevó a su casa el puñado de cebada. No sabiendo qué hacer con aquel pago, tiró los granos a la calle salvo unos cuantos que se quedaron enganchados en el delantal. A la mañana siguiente, cuando fue a ponerse el delantal, observó que los granos se habían convertido en pepitas de oro. No pudo encontrar los granos que había tirado en la calle, como tampoco, nunca, pudo localizar la humilde choza donde había atendido el parto.

El cubo sagrado

Según cuenta Joan Amades, aproximadamente en el número 35 de la calle Riera Alta, delante de la calle de Sant Vicenç, existió un hostal conocido como de la Ramona. Contaban en el barrio que para las labores de fregado, la Ramona utilizaba un cubo de madera que había sido fabricado con la madera sobrante de un precioso crucifijo que lucía en el cercano y desaparecido Con-

El Convento de las Jerónimas quedó totalmente destruido en el incendio de 1909.

vento de las Jerónimas, incendiado y destruido en julio de 1909 durante los acontecimientos de la Semana Trágica. Pedro G. Romero, en su trabajo *Archivos FX²* relata el final de dicha talla que se salvó del voraz incendio, pero no pudo ser recuperada. «¡Cuál sería mi admiración al llegar a la sala capitular, que el fuego había respetado, mas no la mano criminal que lo había destrozado todo, y ver intacto el cuerpo de la fundadora y una preciosa imagen del Santo Cristo, de talla, puesta en un escaparate que tenía los cristales rotos! Entre los muchos que entraban y salían vi a un joven con una azada intentando destrozar el Crucifijo, entre blasfemias. No recuerdo cómo le disuadí de su empeño. También entró un joven, al que inspeccioné un rato, y pareciéndome de buenos sentimientos, le dije al oído: "¡Si pudiésemos llevarnos esta imagen!" "¡Sí, para que al llegar a la calle nos quemen junto con ella!" — contestóme. Después vino un grupo, y los que lo

2.   http://fxysudoble.com/es/tesauro/exposicion-universal/#

componían, entré blasfemias y disparates echaron al jardín el cuerpo de la fundadora y se la llevaron a la calle. Después de rezar delante de aquel crucifijo me fui y entré en la casa del capellán reverendo doctor Badosa por la parte del huerto, encontrando casi todas las cosas en su lugar; al volverme vi que entraban dos hombres con sacos, a los que hice volver diciéndoles que aquello era una casa particular. Al entrar de nuevo por la parte del Cementerio hube de advertir lo que no hubiera querido ver: reventar las sepulturas a martillazos y sacar los cadáveres, y como si fuesen los de sus más crueles enemigos, tratarlos sin ningún respeto, llegando hasta a clavarles clavos en la cabeza y en otras partes del cuerpo; ¡aquellos hombres eran lo peor de la degradación y la brutalidad humana!»

La Ramona conocía el origen de la madera del cubo y presumía del parentesco que le unía con la talla de madera del cristo.

La bruja investigadora

El afortunado jorobado pudo bailar con las brujas.

Corría el año de 1410, cuando a una mujer residente en algún lugar de la calle Hospital, cerca del convento de San Agustín, le robaron dos sábanas y un mantel. Como era costumbre hasta hace bien poco, los había tendido en el balcón de su casa después de lavarlos en el curso de agua de la rambla. La mujer, confiando más en una adivina que en la Justicia, recurrió a los servicios de una mujer llamada Caterina Trialls, con fama en todo el barrio como curandera y pitonisa. Caterina localizó a los ladrones, con artes mágicas o con una eficaz investigación, y eso fue la prueba para que fuera detenida, juzgada y condenada por bruja. En la Barcelona del siglo XV, no se solían quemar a las brujas, pero sí podían ser ahorcadas, aunque la mayor parte de las veces se las condenaba al destierro o a la peregrinación a Tierra Santa. Los aquelarres, o "sabat", reuniones de brujas, no eran frecuentes en Barcelona, pues solían darse más en el campo. Las únicas reuniones de las que se tiene noticia en la Barcelona de los siglos XV y XVI se daban en una pequeña placeta que hoy se llama de Manuel Ribé, y que llevaba el nombre de Sant Ramon del Call. Las reuniones tenían lugar en la noche de los sábados y consistían en un baile en círculos en los que participaba el demonio pero no en persona, sino con la forma de un jorobado.

Una versión más detallada está en los cuentos populares catalans de Maspons i Labrós. Se dice en el relato llamado «Els dos geperuts», que las brujas bailaban una sardana (posiblemente el origen del baile popular sea ése) y que a ellas se unió un jorobado algo alegre y un poco creído. El jorobado se mostró tan divertido y tan feliz bailando con las brujas (desnudas por supuesto) que hasta las acompañó en su canto: "Lunes, martes y miércoles, tres. Jueves, viernes y sábado, seis". Las brujas quedaron tan contentas de la presencia del jorobado que en premio, hicieron un encantamiento y le desapareció la joroba. El hombre, ya satisfecho de sí mismo a pesar de la joroba, no cabía en sí de gozo al verse tan guapo y tan bien formado por lo que explicó a los cuatro vientos lo que le había pasado. Otro amigo suyo, también jorobado, quiso probar fortuna y se acercó hasta la reunión de las brujas uniéndose a ellas con la misma alegría, pero al cantar tuvo un desliz, y tras la última estrofa gritó muy alegre: "¡y domingo siete!". Eso fue su perdición pues las brujas no pueden pronunciar ni oír el nombre del día dedicado a Dios, así que al momento se rompió el acuerdo y las brujas, despechadas, hicieron un encantamiento y donde había una joroba en la espalda hicieron aparecer otra en el pecho.

El teatro de «sang i fetge»

En el número 45 de la calle Hospital, donde hoy existe una papelería y mañana puede haber cualquier comercio, estuvo instalado el teatro de Sant Agustí, la primera sala dramática inaugurada en Barcelona. Corría el año 1850 y ocupó el lugar donde había estado la biblioteca del cercano convento de Sant Agustí. Desde la desamortización del convento, en 1835, hasta ese año había tenido allí su sede la Societat Philarmònica Barcelonina, que agrupaba a los mecenas y a los adinerados aficionados a la música. Fue en 1859 cuando la sala sufrió una remodelación y ampliación lo que la convirtió en un gran teatro con capacidad para cuatrocientos espectadores y cambió su título por el de Teatro Odeón. El tándem del productor Joaquim Dimas y el autor Jaume Piquet llevó al teatro a su más alta cota de popularidad y llegó a ser conocido como *L'Escorxador* (El matadero) porque en él se representaban las truculentas obras de Piquet con títulos como *La monja enterrada en vida, El curandero de Sants, La mano negra, El terremoto de Casamicciol, Amor hasta la tumba, El hijo del verdugo de Londres, Mala hija y madre desventurada o La esclavitud de los negros, la esclavitud de los blancos*, todas ellas llenas de crímenes, sangre y descuartizamientos. Al menos una de ellas, *La monja enterrada en vida* llegó a ser prohibida por el Gobernador civil, aunque alegando razones religiosas. Piquet, nacido en Les Corts, había sido en su juventud albañil y grabador, es decir, miembro de las clases más populares y cuando se dedicó a escribir obras de teatro lo hizo siempre con los temas más populares.

La leyenda de Sant Pau del Camp

En el numero 101 de la calle de Sant Pau se conserva la que es, al parecer, la iglesia más antigua de la ciudad, la dedicada a Sant Pau, conocida como Sant Pau del Camp porque obviamente se construyó lejos de la ciudad, en medio de los campos que la rodeaban. Es conocido el hecho de que la iglesia actual, cuya construcción se remonta al siglo IX, es lo único que queda de un monasterio benedictino que debió ocupar el rectángulo que forman las calles Sant Pau, Sant Oleguer, Las Tapies y Abad Safont. La fecha de su construcción se ha fijado a finales del siglo IX porque existe una lápida que señala la tumba del conde Wilfred II Borrell, hijo de Wilfred el Pilòs, que se sabe murió en abril de 911, pero hay inscripciones paleocristianas anteriores. El monasterio fue asaltado y destruido en 985 por el caudillo cordobés Al Man-

La iglesia de Sant Pau del Camp, muestra del románico bien conservado, se encuentra hoy en el centro de la ciudad.

sur, pero la historia de la vieja iglesia románica tenía ya muchos años de historia. Algunos historiadores afirman que fue el caudillo Al-Hurr ibn Abd ar-Rahman al-Thaqafi el que entró en Barcelona, sin resistencia, entre los años 714 y 718 y otros atribuyen ese hecho a Musa Ibn Musair, en 713. Sí parece claro que en 719 el califa de Damasco nombró gobernador de Al Andalus a As-Samh ibn Malik al-Jawlani que, al parecer, se estableció en Barcelona para dirigir la campaña contra los francos. Fuera Al Hurr o Musair el conquistador de Barcelona, lo cierto es que la ciudad se rindió prácticamente sin lucha y que la población, como era costumbre en la época, adoptó la religión de sus nuevos señores, el islam, que entre otras ventajas, tenía la de eximir de impuestos a los musulmanes. Naturalmente, no todos se sometieron y ahí entra de lleno la leyenda.

Cuentan que en el espacio ocupado por el primitivo monasterio de Sant Pau, reconvertido por los sarracenos, el valí o rey de la ciudad, Al Hurr o Musair, instaló su palacio y el harén correspondiente, nada menos que con setecientas esposas. Entre los que se resistían a la ocupación y al islam estaba una bella princesa que, al estilo de las heroínas de la Biblia como Judith o Esther, urdió un plan para deshacerse del rey musulmán. Ese plan no era otro que contraer el "mal cristalino", uno de los nombres que en aquella época tenía la temible sífilis, una enfermedad mortal en la mayoría de los casos. Al estilo de los terroristas suicidas, la joven contrajo el mal –que se difunde por vía sexual– y se ofreció al rey para convertirse al Islam y ser su primera esposa. La creencia popular en torno a la enfermedad era que las mujeres que la contraían se volvían mucho más hermosas y por tanto, el rey no pudo resistirse, se enamoró, la convirtió en su favorita y contrajo el "mal cristalino" que le llevó a la tumba entre terribles dolores. La leyenda cuenta que los ocupantes, desmoralizados por la muerte de su caudillo, abandonaron la ciudad que volvió a ser un enclave cristiano. La historia dice que en 781 el valí de Barcelona fue derrotado y muerto por el emir de Córdoba Abderramán y no por causa de la bella princesa. De un modo o de otro, la ocupación musulmana de la ciudad terminó en 801 cundo el territorio fue recuperado por los francos al mando de Ludovico Pío que formó la "marca hispánica". De la suerte de la princesa sacrificada o de su nombre no se sabe nada en concreto. Es de suponer que murió a consecuencia del mal cristalino, pero ya se sabe que las leyendas permiten otras interpretaciones.

Los movimientos de los astros fascinaban y desconcertaban a la población menos instruida.

El abad que movía el sol

El último abad del monasterio de Sant Pau del Camp antes de su derribo, en 1835, fue Joan de Safont i de Ferrer, oriundo de Besalú y muerto en Barcelona en 1847. Junto al antiguo huerto del monasterio tiene dedicada una calle, pequeña pero algo es algo. Safont era un personaje de gran cultura, historiador, filósofo y físico, preocupado por la docencia, sobre todo de las ciencias físicas. Su afición a la astronomía y a demostrar sus enseñanzas con ejemplos prácticos le llevó a fabricar un mecanismo para demostrar la sucesión de días y noches, los eclipses y otros fenómenos naturales. El aparato lo fabricó a base de madera, alambre y luces que hacía funcionar para mostrar a la gente menos instruidas cómo funcionaba el Universo. No obstante, Safont llegó a crearse una especie de aureola mágica porque, los menos cultivados de sus alumnos, llegaban a pensar que la causa era el efecto, es decir que el aparato de Safont era el que hacía llover, salir el sol o llegar el invierno.

Libélulas y demonios

La tercera muralla de Barcelona, obra de Pere el Cerimoniòs, estaba a escasos metros del mar cuando fue construida a mediados del siglo XV. La puerta que se abrió frente a los pantanos existentes donde hoy está la plaza de les Drassanes y la parte más baja del Poble Sec, se llamó de Santa Madrona, en honor de la que fue patrona de Barcelona antes de ser desplazada por Santa Eulàlia. Se dice que en aquellos años, las libélulas eran tan grandes como águilas y vivían a sus anchas en los pantanos hasta que un día, Satanás, furioso contra la santidad de Barcelona, les hizo recorrer el mundo para traer volando a todos los demonios esparcidos a lo largo y a lo ancho del planeta. El plan del príncipe de los demonios era desmontar la montaña de Montjuïc y hacerla caer toda ella sobre la ciudad, pero alertada Santa Madrona, cuyos restos estaban en la ermita que lleva su nombre en la montaña, salió de ella y haciendo la señal de la cruz hizo huir a todos los demonios. Apiadada de las libélulas, las bendijo para que redujeran su tamaño hasta el que conocemos hoy en día y las dejó volver a los pantanos.

El fantasma de la vampira

Las callejuelas que rodean a la plaza de Folch i Torras y al complejo escolar Milà i Fontanals, juto a la Ronda de Sant Pere, tienen un espectro que algunas noches de invierno se pasea por ellas, incitando a los más terribles crímenes. Ese espectro no es otro que el de Enriqueta Martí, la cruel vampira de Barcelona, condenada a vagar durante toda la eternidad sin perdón posible. El motivo de que sea ese lugar de la ciudad donde arrastra sus pecados es que allí, en ese espacio, estuvo situada la prisión llamada Amalia, donde murió el 12 de mayo de 1913 asesinada por sus compañeras de prisión antes de que se celebrara el juicio que debía aclarar sus terribles crímenes. Nunca se supo si su muerte fue un acto espontáneo de las presas o bien un acto orquestado

Enriqueta Martí, conocida con el nombre de "la vampira del Raval".

La policía pudo rescatar dos criaturas de casa de "la vampira".

para "cerrar su boca" y que no se supieran nunca las complicidades en sus deleznables actos. Por sí sola, la prisión conocida como La Galera o Amalia, por estar ubicada en la calle dedicada a la Reina María Josefa Amalia de Sajonia, esposa de Fernando VII, ya tenía su propia leyenda negra de torturas y maltratos a las mujeres presas en ella. Funcionó desde 1839 sobre los restos de un antiguo convento de monjas paulinas, primero como almacén de presos, mujeres, ancianos, niños y hombres en condiciones infrahumanas y a partir de 1904 exclusivamente para mujeres.

La prisión llamada Amalia podría llenar por sí solo la historia negra de Barcelona. Fue derribada en 1936 dejando tras de sí una plaza pública dedicada a Folch i Torras pero sobre todo un siniestro recuerdo. En el estudio publicado por el Ateneo Libertario en 2004, se afirma que «Amalia fue el paradigma del desprecio a la vida en todas sus vertientes; la ausencia total de higiene, el internamiento de niños con adultos y ancianos, el rigor de la disciplina, la escasa y pésima alimentación, la corrupción de funcionarios, etc., hicieron de ella el lugar más abyecto de Barcelona. La insuficiencia de espacio hacía que los presos llevaran a cabo su miserable existencia todo el tiempo en los patios, llamados cuadras; de los cuales los más célebres eran el de la Garduña y el dels Micos. En ellos eran constantes las riñas muchas veces graves, las extorsiones, la violencia. Fue calificado como centro de depravada degradación [...] escuela de perversión [...] Facultad de criminalidad...»

Verdugo a la fuerza

Aunque el nomenclátor municipal no lo diga, la calle que lleva el nombre de Hort de Sant Pau, por el huerto del desaparecido monasterio de Sant Pau del Camp, se llamó en otros tiempos calle del Botxí o del Verdugo en castellano. La explicación de ese nombre es que en esa calle, las autoridades municipales dejaban la ropa y la máscara que debía llevar el encargado de aplicar la pena de horca a los condenados. El oficio de verdugo había sido hereditario durante la Alta Edad Media, pero llegó un momento en que se abandonó esa costumbre y se convirtió en una función voluntaria que podía hacer cualquier ciudadano manteniendo el anonimato. De ahí que la ropa utilizada para el trabajo se dejara junto a la tapia del convento donde el voluntario la recogía durante la noche. Cuenta la leyenda que el último verdugo hereditario, al servicio de la ciudad, fue un tal Didac, hijo de verdugo naturalmente, que renegó del oficio el día en que presenció su primera ejecución, especialmente cruel porque el reo no acababa de morir y el verdugo, el padre del muchacho, le remató con un mazo. Didac huyó de Barcelona a Montpelier donde se estableció y estudió hasta convertirse en un prestigioso médico. Siempre triste y marcado por aquella horrible ejecución, estuvo a punto de casarse con una rica heredera pero, descubierto por un comer-

ciante barcelonés de viaje en Montpellier fue detenido y obliga-
do a volver a Barcelona y retomar el oficio de su padre, ya fallecido. El pobre Didac alternó la función de matar a condenados con
la de ayudar a nacer a niños, como modo de limpiar su espíritu
del horror que le producía el oficio de asesinar. Tras la muerte del
reo correspondiente, Didac acudía a la iglesia del Carmen y colocaba un gran cirio ante la puerta, de la estatura de un ser huma
no, por el alma del condenado que acababa de enviar al otro
mundo, pero su acto más rebelde fue el de decidir que jamás se
casaría ni tendría descendencia para que él fuera el último verdugo hereditario, como así fue.

Un espectro en la Santa Creu

El antiguo Hospital de la Santa Creu, situado entre las calles
Hospital y del Carmen, es una construcción gótica que data del

Las salas de lectura de la biblioteca de Catalunya ocupan algunas de las dependencias
del antiguo Hospital de la Santa Creu.

siglo XV. Se empezó a construir en el año 1401, en el reinado de Martín I, bajo la dirección del arquitecto Guillem d'Abriell con la intención de reunir en un mismo edificio los pequeños y múltiples hospitales que había diseminados por la ciudad. La construcción de lo que podríamos llamar la primera fase se terminó en 1414 y posteriormente se emprendieron otras reformas, una de las cuales derribó una parte en la que se abrió un patio porticado y una escalinata que hoy en día es el acceso a la Biblioteca Nacional de Cataluña.

Como no podía ser de otro modo, el magno edificio ha sido testigo de la historia de la ciudad y a principios del siglo XIX el hospital se trasladó al nuevo edificio situado en el límite del Eixample con el barrio de Gràcia. Dentro de las paredes del antiguo hospital se sucedieron a lo largo de los siglos los dramas y las heroicidades hasta que en 1931 fue declarado Monumento Histórico Artístico y hoy en día alberga la Biblioteca de Catalunya y la Escola Massana de diseño.

En el antiguo claustro, hoy en día abierto y poblado de una variopinta fauna ciudadana, corre la voz de que por las salas que pueden verse desde el exterior, pulula una figura etérea, a veces con una luz temblorosa en la mano. En el interior, los vigilantes del recinto aseguran que son frecuentes los sonidos, de pasos, de roces, de crujidos, como si alguien estuviera paseando por su interior. No es extraño pues dentro de un hospital como aquel debieron producirse dramas que han quedado en el olvido. En él murió el día 10 de junio de 1926 el genial Antoni Gaudí de quien, se dijo en algún momento, había sido víctima de una conspiración. Los fantasmas, siempre tan volátiles, no se muestran o se identifican a no ser que tengan necesidad de hacerlo. Una de las explicaciones para los ruidos y presencias en el antiguo recinto es la que afirma que existe en algún lugar del patio un pozo muy profundo donde vive un basilisco[3] dedi-

3. Se refiere al ser mítico mitad serpiente, mitad ave de presa, que es tan sumamente venenoso que puede matar con solo su mirada.

cado a alguna misión enigmática y desconocida. Hay quien dice que está custodiando un tesoro escondido por algún rufián que fue atendido en el hospital después de una pelea o un robo y que murió sin poder recuperarlo. Otros estudios afirman que el monstruo es el guardián de las aguas medicinales del pozo que uno de los personajes atendidos en el hospital, brujo sin duda, maldijo para que no se usaran nunca más. Sea como fuere, el basilisco, inmortal y fiel a su trabajo, solo sale de vez en cuando del pozo para tomar un poco el aire y advertir de su presencia a los que sientan la tentación de buscar el pozo.

Acabar como el rosario de la aurora

La calle que lleva el nombre del escritor y político Joaquín Costa, llevó hasta 1923 el nombre de Poniente y pasó a la historia por la truculenta historia de Enriqueta Martí[4], de sobra conocida. Desde medido el siglo XIX, la calle Poniente era tenida como un lugar lleno de revolucionarios y lo que hoy llamaríamos "antisistema" hasta el punto que recibía más bien el nombre de calle de las Barricadas. En esa calle tenía lugar hacia finales del siglo XIX y principios del XX un hecho indicativo de los tiempos que corrían. En aquellos tiempos, los católicos convencidos, que eran legión, realizaban la procesión conocida como "el rosario de la aurora", un acto religioso del que el origen es aún discutido, pero que podría estar en Valencia en el año de 1886. La procesión partía de un templo: en Valencia del de la Vírgen de los Desamparados, en Sevilla de la Vírgen de los Dolores y en Barcelona desde la Catedral, con tan mala visión que los participantes en el rosario pasaban por la calle "de las Barricadas". Poco a poco, en todas las ciudades donde se celebraba la procesión se fueron prohibiendo porque eran objeto de chanzas y burlas por parte de los ciudadanos y en el caso de Barcelona,

4. *Los secretos de las calles de Barcelona*. José Luis Caballero y David Escamilla. Robinbook.

hubo un día que en la calle Ponent llegaron a tirar el contenido de los orinales de la noche sobre los participantes en la procesión. El escándalo fue tan grande que las autoridades de la ciudad acabaron prohibiéndola.

Barcelona, nido de espías

En el corazón del Raval, parte de la vieja Barcelona, existen en este momento tres mezquitas, legales, situadas respectivamente en la calle Sant Rafael, en la calle Nou de Sadurní y en la calle Erasme de Janer. Según informes policiales, estas mezquitas están controladas por imanes cercanos al salafismo, la corriente musulmana más integrista y presuntamente violenta y alguna de ellas ya ha sido visitada alguna vez por la policía en relación a conspiraciones o atentados. La abundancia tanto de

Espías, terroristas, agentes de los servicios secretos han poblado y pueblan las calles de Barcelona.

inmigrantes de países musulmanes como de extremistas ligados al salafismo o a Al Qaeda, ha tenido un efecto colateral muy importante: la proliferación de servicios secretos en una Barcelona que ha sido calificada como "nido de espías". En un informe publicado en *La Vanguardia* en junio de 2011, se daba la cifra de "cientos de agentes" de una veintena de países trabajando infiltrados en organizaciones peligrosas o presuntamente terroristas. Siempre con la discreción de los temas que se refieren al espionaje, se afirmaba que el CNI, el Centro Nacional de Inteligencia español, era quien tenía más agentes desplegados en la ciudad, seguido de cerca por la CIA norteamericana y el Mossad israelí, pero países como Marruecos, Pakistán, India, Iraq, Irán o Túnez mantenía también un abultado número de agentes infiltrados en comunidades musulmanas, sobre todo marroquíes y pakistaníes, muy asentadas en el barrio del Raval. También la policía y la Guardia Civil operan de forma encubierta vigilando a la comunidad islámica. La abundancia de comercios musulmanes en el barrio es notoria y también lo es el hecho, según el informe, que algunos de esos comercios son en realidad "micrófonos" de los servicios secretos, encargados de recoger información sobre presuntos terroristas. El trabajo de tantos espías o agentes se encuentra más o menos ordenado por la Ley de Secretos Oficiales y por los pactos de colaboración entre los servicios de Inteligencia de diferentes países. De hecho, gran parte del trabajo del CNI consiste en vigilar a los servicios secretos de los países extranjeros que operan en Barcelona. Amigos, sí, pero siempre que trabajen dentro de las normas españolas.

La situación de Barcelona, ciudad fronteriza, mediterránea y cosmopolita, ha favorecido siempre el trasiego de personas y la recepción de inmigrantes y viajeros. Fue "nido de espías" durante las guerras medievales en Europa, durante las guerras napoleónicas y sobre todo durante las dos guerras mundiales del siglo xx.

El cine Padró, antes Teatro
Ambigú, en la calle de la Cera.

La cera y la peste

Según el nomenclátor del Ayuntamiento, el nombre de calle de la Cera viene sencillamente de los fabricantes de este producto que se instalaron en ella desde antiguo. No obstante, creció la leyenda de que con motivo de la gran peste de 1348, los vecinos de dicha calle, de nombre anterior desconocido, suplicaron a la Vírgen de la Mercè que les librara de semejante mal. En el cruce la calle con la de Botella había una pequeña capilla con la imagen de la Vírgen y los vecinos le prometieron que si no moría nadie a causa de la peste quemarían en su honor cuanta cera pudieran encontrar. Milagrosamente, ningún vecino de esa calle murió a causa de la peste y cumpliendo su promesa, quemaron tanta cera a diario durante meses que se formó una gruesa capa en suelo, de ahí el nombre de la calle.

La casa de los espíritus

Precisamente en un inmueble de la calle Botella, hoy en lamentable estado, vivía Deseada Martínez Guerrero, viuda de Manuel Durán, con sus hijas Amparo y Mercedes. Corría el año 1895 cuando el clérigo e insigne poeta mosén Jacinto Verdaguer se trasladó a vivir a dicha casa una vez que hubo abandonado el santuario de La Gleba en la montañosa comarca de Osona a causa de sus desavenencias con la Iglesia. Corrió el rumor de relaciones inapropiadas de Verdaguer con la viuda Durán, en parte porque en la medida de sus posibilidades, el poeta financió la precaria situación de la familia y en parte porque Amparo tenía espléndidos 22 años. En

esa línea, Ernesto Milà[5] señala que Verdaguer nombró herederas universales de
sus derechos como autor a las Durán
y que la viuda se gastó en tiendas de
lujo y en una nueva residencia en la
Ronda de Sant Antonio un suculento
préstamo que el poeta obtuvo de sus
amigos los Güell. Al parecer, la viuda
Durán era una seguidora de la moda
espiritista de aquellos años, entron-
cando así con la línea esotérica y exor-
cista de Verdaguer, y ejercía de médium
en sesiones de espiritismo que tenían

Jacint Verdaguer.

lugar en el piso de la calle Botella. Algunas de las sesiones fueron
presenciadas por el conde Güell y los detalles dados coinciden en
los síntomas con ataques de epilepsia que pudo sufrir la señora
Deseada de Durán. No llegaron a verse espíritus en la casa, pero sí
se oyeron sus voces a través de la improvisada médium. Para Verdaguer, se trataba de almas en pena que buscaban una redención
de su estado.

El muro y Cervelló

Como tantas otras veces, la leyenda sobre el nombre de la calle Cervelló se contradice con la historia y allá cada cual con sus preferen-
cias. Dice la leyenda, que la calle Cervelló lindaba con el Hospital
de la Santa Creu, todavía en construcción alrededor de 1414 y que
un maestro de obras llamado Cervelló dirigía la construcción de
uno de los muros. La obra no avanzaba y su solidez era puesta en
duda por lo que Cervelló decidió recurrir a un rito ancestral, que se
remonta en la noche de los tiempos, según el cual, se debía ofrecer
un sacrificio humano para que el muro adquiriera solidez. Cervelló

5. *Misterios de Barcelona*. Ernesto Milà. Producciones y Representaciones
Editoriales.

Los ritos y supersticiones tienen una gran presencia en la historia de la ciudad.

decidió que la primera persona que apareciera en la calle la enterraría viva bajo las piedras. Quiso la mala suerte que fuera su propia esposa la que apareció, pues venía a traerle la comida; no obstante, obedeciendo a su juramento, Cervelló procedió a enterrar viva a su querida esposa bajo las piedras. El muro se tornó sólido y bien construido, pero dice la leyenda que todavía hoy en día, la mujer enterrada viva sigue llamando a su esposo y su nombre "¡Cervelló, Cervelló!" suena en la noches de viento en toda la calle.

La costumbre de enterrar a personas, vivas o muertas, en los cimientos de muros de templos o de ciudades es tan antigua como el ser humano y es la continuación del canibalismo y el sacrificio humano. Todavía en la Edad Media, cuando pervivían antiguos ritos junto al cristianismo, se consideraba posible que alguien, al excavar los cimientos para una muralla, optara por hacer una sacrificio humano para garantizar la fortaleza del muro que estaba construyendo. La costumbre se había ido perdiendo, desde luego, pero formaba parte de las prácticas de brujería todavía vivas en parte de la población. El profesor Víctor Guerrero Ayuso cita los casos del Turó de Can Olivé o de La Penya del Moro de Sant Just Desvern, cerca de Barcelona, donde se han encontrado bajo los muros de poblados ibéricos restos humanos que corresponden a niños de corta edad. Sin ir más lejos, en la Biblia, se cuenta como al construir los muros de Jericó, el rey enterró vivos a sus hijos bajo ellos para hacerlos fuertes e indestructibles. Ya en la Edad Media, lo más corriente era enterrar prendas de ropa u objetos sagrados, una costumbre que se ha mantenido hasta la actualidad enterrando en el interior de los primeros bloques de hormigón de un cimiento objetos de uso cotidiano, libros o periódicos.

La Ribera, el barrio de marineros

Donde se queman libros...

Lo que queda hoy del barrio de La Ribera, el antiguo barrio de pescadores y marineros, es solo una parte de lo que fue en otros tiempos, pues gran parte del barrio, como se sabe, fue derribado para construir la fortaleza con la que Felipe V quiso castigar y controlar a Barcelona. Como nada es eterno, también la Ciudadela fue derribada años después, en 1868 y de ella quedan solo algunos edificios que han perdido su prestancia guerrera. Como en toda construcción militar, el conjunto tenía en su centro una plaza de armas o explanada central donde se erigían los cadalsos y se ejecutaban las penas de muerte de la época. En esa explanada, hoy convertida en jardín,

Quema pública de libros según un grabado de la época.

tuvo lugar el día 9 de octubre de 1861 a las 10 y media de la mañana un "auto de fe" por el que la jerarquía eclesiástica, amparada por la autoridad civil, perpetró la quema de unos trescientos
libros y folletos de la corriente espiritista que en aquellos tiempos estaba naciendo en Barcelona. En la pira se quemaron libros
de Allan Kardec, gurú del espiritismo europeo, del barón Guldenstubbe, otro prestigioso espiritista, e incluso una supuesta
autobiografía de Juana de Arco dictada desde la ultratumba a Ermance Dufau, además de folletos y revistas de esta tendencia
considerada ofensiva por la Iglesia católica. Otro de los documentos que se quemó fue nada menos que la partitura de una
sonata para piano dictada por el espíritu de Mozart al médium
Brion Dongeval. El acto que pretendía erradicar el espiritismo de
la sociedad barcelonesa tuvo, como es habitual, el efecto contrario y provocó un alud de afiliaciones al Centro Barcelonés de Estudios Psicológicos, fundado unos años antes. Tal fue su auge
que en 1888 se convocó en Barcelona un Congreso Internacional
Espiritista presidido por el vizconde Antonio Torres–Solanot y
Casas.[1]

El fantasma de Montcada

La calle Montcada, dedicada a la familia de este nombre propietaria de los terrenos donde se abrió la calle y la más destacada en
la Cataluña de la alta Edad Media, encierra entre sus muros no
solo museos y salas de arte, sino mil y una historias y por sus
piedras han circulado personajes famosos, reyes, clérigos y... fantasmas. Uno de estos espectros, el más destacado sin duda, fue el
de Guillem Ramón de Montcada, vizconde de Bearn con el nombre de Guillem I, fallecido en 1223 y que había cometido un gran
sacrilegio asesinando al obispo de Tarragona, Berenguer de Vila-

1. Antonio Torres–Solanot y Casas pertenecía a una familia de Huesca
de antigua tradición liberal, diputado republicano en las Cortes y firme
enemigo de la Iglesia. Falleció poco después en Barcelona, en 1902.

demuls. Al parecer, Ramón Berenguer entendía que el obispo, tío de su esposa, Guillema de Castellevell, de la cual hacía de tutor, la estaba indisponiendo contra él por lo que optó por asesinarle, aunque históricamente no está nada claro el motivo. El papa Inocencio III le excomulgó y Guillem Ramón desapareció de la historia durante un largo periodo para entrar en la leyenda. Se dice que el papa le condenó al destierro y a la peregrinación en Tierra Santa, o bien que le puso como penitencia para el perdón formar parte de la Cuarta Cruzada. También se cuenta que estuvo escondido en la corte de Inglaterra huyendo de la persecución de la Iglesia, pero sí quedó constancia de que en 1198 sufrió el escarnio en las calles de Tarragona y que la Iglesia le condenó a que su alma vagara sin descanso por el mundo. Esta condena es la que, se dice, se cumplió a rajatabla y el espíritu de Guillem Ramón vaga cumpliendo su pena y de año en año, en el aniversario de la muerte del obispo, pasea por sus antiguos dominios de la calle Montcada de Barcelona, en cuyo actual número 25 estaba la casa familiar.

Masones y soldados

Uno de los edificios señoriales de la calle Montcada es el Palacio de Pinós, todavía conservado, una de las residencias de tan ilustre familia oriunda de la población de Bagà. En esa casa, desocupada por sus propietarios tras la invasión francesa de 1808, tuvieron lugar las primeras reuniones masónicas de Barcelona, eso sí, protagonizadas por las logias del ejército francés de ocupación. La primera de que se tiene noticia tuvo lugar  en esa mansión el día 28 de diciembre de 1809. En sucesivas fechas señaladas se fueron produciendo reuniones masónicas y están reseñadas especialmente las del día 15 de agosto que, aprovechando la iluminación de las casas barcelonesas con motivo de la festividad de la Vírgen de Agosto, los masones y francmasones contribuían a esa iluminación con sus símbolos de triángulos y elementos de construcción típicos de la masonería. Conrado Roure, uno de los más significados masones de la época, afirma que ya entonces existían logias masónicas en Barcelona, al margen de las francesas, pero en la más estricta clandestinidad.

La horchatería y el diablo

El famosísimo restaurante Las Siete Puertas es el local más conocido de los porches de Xifré, el edificio del Paseo de Isabel II situado junto al Pla del Palau y uno de los más señoriales del antiguo barrio de La Ribera. No obstante, junto al restaurante, estuvo situada entre 1835 y 1890, la horchatería del Tío Nelo, el primer local barcelonés de horchatas fundado por el valenciano Manuel Arnal. De hecho, el Tío Nelo había abierto su horchatería en un modesto local en el Pla del Palau, entonces poco más que un descampado, pero el negocio fue tan próspero y tuvo tan gran éxito que se trasladó al local de los porches donde adquirió fama en toda la ciudad. Se dijo entonces que el gran éxito del Tío Nelo estuvo también relacionado con la beneficiosa influencia de los símbolos masónicos del edificio. Ciertamente,

Josep Xifré financió la construcción del conjunto de porches con las ganancias obtenidas en América.

el conocido como edificio d'en Josep Xifré financió la construcción del conjunto de porches con las ganancias obtenidas en América, esta repleto de símbolos masónicos pues el indiano Josep Xifré i Casas, propietario e impulsor del edificio, fue miembro de la masonería y uno de los fundadores del Gran Oriente de Cuba. En Barcelona estuvo muy influenciado por su amigo el cónsul francés en la ciudad, Ferdinand de Lesseps, ilustre francmasón. El edificio del paseo de Isabel II tiene innumerables símbolos masónicos como el relieve donde aparecen el dios Cronos y la diosa Urania que sostiene un compás y un catalejo, símbolos masónicos. Tras ellos puede verse la esfera armilar, que es el símbolo del atanor, el horno de fusión alquímico. Todos esos elementos hacen referencia a la alquimia, la ciencia mítica predecesora de la química, por ejemplo, las dos serpientes que hoy en día han sido adoptadas como símbolo de los farmacéuticos. La teosofía, una corriente filosófica relacionada con el espiritismo y las religiones orientales, fue decididamente apoyada por el nieto de Xifré, José Xifré Hamel. Frente a la horchatería, podía verse a un vendedor ambulante llamado Quintín Gaviria, un misterioso personaje que vendía una poción que, según él, prolongaba la juventud y afirmaba que la fórmula magistral se la había proporcionado el mismísimo diablo durante una sesión de espiritismo. Gaviria llegó a ser amigo, o al menos conocido, de Xifré con el que formó parte de una Junta Cívica que trató de oponerse a la represión del general Prim que acabó bombardeando Barcelona.

Torneos y brujas

Lo que hoy es el Paseo del Born fue en la Edad Media una plaza con el mismo nombre que adquirió porque en ella se celebraban borns, torneos o justas, de las tres formas se llamaban a los enfrentamientos de caballeros a lomos

Los ganadores de los torneos recibían honra y honores.

Los procesos contra acusados de brujería se basaban a menudo en rumores, calumnias o deseos de venganza.

de sus caballos bien como distracción o bien como forma de dirimir diferencias. Pero aquella plaza, principal en la Barcelona de los siglos XV y XVI, tenían lugar también otros espectáculos y uno de ellos, eran los autos de fe de la Inquisición donde se quemaban vivos a los acusados, acusadas casi siempre, de brujería. El día 25 de enero de 1488, cuando acababa de tomar posesión fray Alonso de Espina como Inquisidor de Cataluña, tuvo lugar uno de estos autos de fe donde se quemaron a tres personas y la efigie de otras veinte que habían escapado al furor de la Iglesia, o que ya habían muerto pero, aún así, eran condenadas a la hoguera. No siempre los que morían en la hoguera eran brujos o brujas en el sentido estricto de la palabra. De hecho muchas veces se acusaba de brujería o de estar endemoniado a alguien que había cometido un crimen que hoy está dentro del Código Penal como el asesinato o la violación y se le condenaba a la hoguera por esa intervención demoníaca y no por el hecho en sí. Así se quemaba vivas a mujeres a las que se imaginaba que había hecho un pacto con el diablo para mantenerse hermosas o para vivir fuera de la protección de un hombre. El poder acusaba a las mujeres más o menos libres de provocar las desgracias y las calamidades de la época, como hambrunas, plagas o epidemias.

Vicente Ferrer y los dominicos

Como es sabido, el lugar que ocupa hoy en día el mercado de Santa Caterina es donde se encontraba el convento de los predicadores dominicos, derribado en 1837 después de que los frailes fueran expulsados y el espacio pasara a propiedad pública. En ese convento de la orden Dominica es donde debió pernoctar el valenciano Vicente Ferrer en los años en que estuvo en Barcelona y sus alrededo-

res dedicado a las labores de difusión de la fe. Cuenta la tradición que en 1409, cuando predicaba cerca de Barcelona, en la comarca del Vallés Oriental, Vicente Ferrer y su grupo de peregrinos, sin una moneda en sus bolsillos, se acercaron a una fonda llamada La Grua, pidiendo algo para beber, un vino fresco para paliar el calor insoportable de un día de verano. La posadera les negó el vino porque no podían pagarlo y Vicente Ferrer se acercó hasta el pozo que había frente al hostal, echó el cubo para sacar agua y cual no fue la sorpresa cuando lo sacó lleno de un vino fresco y de calidad. La posadera, sorprendida, esperó a que los peregrinos se marcharan para echar ella el cubo, frotándose las manos ante el negocio que se avecinaba, pero cuál no fue su sorpresa cuando sacó el cubo lleno del agua que siempre había tenido el pozo. Por más que lo intentó, no volvió a salir vino nunca más.

Magia en la calle Princesa

El Rey de la Magia, en el número 11 de la calle Princesa, es otro de esos lugares misteriosos de Barcelona donde se expone desde 1881 todo lo que la ilusión pueda imaginar. En ese año El Rey de la Magia fue fundada por el insigne Joaquín Partagàs, el más

Cubierta de un libro de Joaquín Partagàs.

Entrada al teatro-museo El rey de la magia.

destacado de los modernos magos que ejercieron su habilidad en Barcelona. Partagàs había nacido en la misma calle de la Princesa el 15 de setiembre de 1848 e inició su carrera después de emigrar a Argentina cuando tenía solo 20 años, como discípulo de Fructuós Canonge. En 1878, de vuelta en España, abrió su primer local en el número 5 de la calle Princesa y en 1895 se instaló en el actual. Tras su muerte en 1931 se hizo cargo de la tienda el otro gran referente de la magia en Barcelona, Carlos Bucheli, con el nombre artístico de Carlston. Carlston era un maestro en el arte llamado "del falso pulgar" mediante el que se hace desparecer un cigarrillo encendido dentro de un pañuelo, pero su espectáculo más famoso sería sin duda "Misterios de la India", basado en auténticas leyendas y tradiciones de aquel país. El Rey de la Magia es el establecimiento más antiguo de España y es de los pocos existentes en el mundo tal y como fue fundado en el siglo XIX, no solo como tienda de objetos sino como una auténtica escuela de magia.

Un viento muy traidor

En el número 5 de la calle de Jonqueres existe (o existía) desde los años cuarenta un establecimiento tan barcelonés como la Sagrada Familia o la fuente de Canaletas, el comercio llamado La casa de las mantas. Tal vez sea casualidad, pero esa calle es tenida desde antiguo como una de las más frías y ventosas de la ciudad. Al parecer, la tramontana que llega hasta el Forat del Vent en el barrio de Horta, se canalizaba precisamente por el antiguo torrente de Merdançar que seguía el trazado de la actual calle de Jonqueres. Tras la apertura de la calle, junto al convento que llevaba ese nombre, de Jonqueres, se creó la leyenda de que el fuerte viento de la calle era capaz de preñar a las mujeres que circularan por ella. Durante aquellos años, alrededor del año 1300, aquella creencia dio lugar a situaciones curiosas. Por ejemplo, las mujeres solteras procuraban evitarla los días de viento, por si acaso, y las casadas la frecuentaban cuando querían quedarse embarazadas. También se daba el caso que algún que otro embarazo clandestino era achacado a un error de la mujer en cuestión que había transitado por esa calle sin percatarse de que hacía mucho viento...

El judío errante

En los alrededores de la iglesia de Sant María del Mar se encontraban en la Edad Media la mayor parte de los gremios artesanos de la ciudad como aún muchas calles lo recuerdan en sus nombres. Cerca de la plaza de la Llana se estableció un fabricante de terciopelo siguiendo el arte que entonces se estaba desarrollando en la ciudad flamenca de Brujas. Se cuenta que, alrededor del año 1400 apareció en dicha tienda, ya desaparecida, un hombre con aspecto cansado y que hablaba un lenguaje desconocido. Por señas pudo entender el tendero que quería adquirir unos calzones de terciopelo. El artesano le in-

Iglesia de Santa María del Mar.

dicó el precio con los dedos de la mano, cuatro duplos barceloneses y al ir a pagar el precio, el hombre metió la mano en su bolsillo y extrajo primero una moneda. El tendero pensó que el hombre no había entendido el precio, pero éste, sin mostrar desconcierto, metió otra vez la mano en el bolsillo y le entregó otra moneda y así, una a una hasta cuatro, hecho lo cual salió de la tienda con su compra.

Cuando el tendero salió a la calle para observar a su extraño cliente observó que éste había desaparecido sin dejar rastro. Consultado el asunto en la cercana iglesia, el párroco llegó a la conclusión de que aquel hombre era el "judío errante", un zapatero de Jerusalén que increpó a Jesús de Nazareth cuando era conducido al Gólgota con las palabras "¡vamos, camina!" y Cristo le respondió: "también tu caminarás siempre, mientras el mundo sea mundo". Así pues aquel hombre, fuera de carne y hueso o irreal, daba la vuelta al mundo y siempre, cuando metía la mano en su bolsillo, encontraba una sola moneda para cubrir sus necesidades.

El virrey asesinado sin confesión

Hacia mediados del siglo XVII, el mar llegaba en Barcelona hasta el pie de las Drassanes que lógicamente estaban construidas con salida al mar. Un poco más al interior había una zona de huertos conocidos como Horts de Sant Bertran por tener en su interior una vieja ermita que databa del año 1300. Hoy en día, los jardines que llevan el nombre de Sant Bertran, junto a la calle Vilà Vilà, son solo una pequeña parte de unos campos de cultivo que llegaban hasta la actual calle de Sant Bertran. La mencionada ermita, construida en 1303 y ocupada sucesivamente por frailes de Sant Francesc de Paula, servitas de Bonsuccès y agustinos descalzos, estaba situada donde hoy se encuentran los jardines y fue destruida por el Ejército francés en 1808.

En el lugar ocupado por la actual calle de Sant Bertran, situaba Joan Amades el llamado "pou de la cirereta" junto al cual fue asesinado el día del Corpus de 1640 el virrey de Cataluña Dalmau de Queralt. La truculenta historia cuenta como Dalmau, conde de Santa Coloma, huyó de su palacio por las callejuelas cercanas al puerto hasta llegar a la playa, perseguido por los segadores enfurecidos que habían asaltado Barcelona y arremetían contra la nobleza y los representantes de la Corona. Acorralado, Dalmau de Queralt llegó hasta las inmediaciones del pozo, que quedaba muy cerca del mar, y allí fue apuñalado hasta la muerte. Al término de la revuelta, empezó a aparecer un túmulo de piedra junto al pozo, donde había caído el conde mortalmente heri-

Un grupo de segadores protagonizó la revuelta del llamado Corpus de Sangre, el año 1640.

do. Alertados, algunos vecinos vigilaron quién se atrevía a tal cosa y pudieron ver cómo los jueves, el día de la semana en que había muerto el virrey, una sombra embozada colocaba las piedras, una sombra que al intentar identificarla corría hacia el mar y desaparecía sin dejar rastro. Las autoridades dedujeron que era el espíritu de Dalmau de Queralt, sufriendo un castigo pues había muerto sin poder confesarse. Cuando el pozo fue cegado y abierta la calle, el fantasma desapareció para siempre.

Sociedades secretas en las bullangas

La plaza dedicada a Antonio López López, marqués de Comillas, al final de la Via Laietana, ocupa una parte del que fue convento de San Sebastián, edificado en 1719 junto a la iglesia ya existente que databa de 1507. El convento fue la sede de los conocidos como «frailes menores» o «framenors», franciscanos, estrictos observantes de la pobreza, fundados en el siglo XIII. En su estudio sobre las calles de Barcelona, Victor Balaguer hace referencia a la situación del convento en 1866, cuando en él estaba situada la escuela industrial y la de náutica, hoy en otras ubicaciones dentro de la ciudad, pero anteriormente, durante el siglo XVIII con la ciudad recién ocupada por los ejércitos borbónicos, se intentó fundar en el convento una escuela para hijos de los militares recién llegados, que no llegó a formalizarse y fue ya en 1815, tras la ocupación napoleónica, cuando se instaló una escuela gratuita.

Alborotos en la plaza de toros.

El convento fue totalmente derribado en 1909 cuando ya la Escuela Industrial y la Escuela de Náutica habían sido trasladadas a sus nuevos emplazamientos. Pero el acontecimiento más importante sucedido alrededor del convento, antes de su derribo, fue el asalto e incendio que sufrió en 1835, durante las llamadas bullangas de Barcelona, una serie de rebeliones de la población acaecidas desde 1834 hasta 1843. El día 25 de julio de 1835, tras una corrida de toros en la plaza de la Barceloneta, que resultó un fracaso absoluto por la mala calidad de los toros, una turba de ciudadanos enfurecidos se desparramó por toda Barcelona y asaltó instituciones oficiales y fábricas pero sobre todo conventos. En plena guerra carlista, los ciudadanos, castigados por las penurias y las movilizaciones, sabían que los frailes, en su mayoría, apoyaban a los rebeldes carlistas, les deban cobijo e incluso combatían en sus filas, así que hacia ellos se dirigieron las iras populares y uno de los objetivos fue el convento de San Sebastián. En su tesis de final de carrera, Anna Mª García Rovira, de la Universitat de Girona, afirma que, aunque no existe documentación que lo certifique oficialmente, entre los asaltantes y tal vez como instigadores, debía figurar miembros de las sociedades secretas ultra liberales y anticlericales de la época, como los carbonarios, los comuneros e incluso masones. Lo que sí ha quedado demostrado es que esas sociedades estaban muy presentes en la Milicia Nacional, los voluntarios liberales contrarios a los gobiernos conservadores y muy beligerantes en la guerra contra los carlistas. En el asalto al convento se produjeron escenas dantescas con la quema de mobiliario, imágenes, algunas de gran valor artístico e incluso con la muerte de algunos frailes, un número indeterminado pero que en total, en toda la ciudad, sumaron dieciséis.

El más siniestro lugar

En sus años de funcionamiento, la Ciutadella, la fortaleza construida entre 1716 y 1718, acumuló una leyenda negra, historias más o menos ciertas y crímenes espantosos. Uno de estos bochornosos hechos tuvo lugar el día 4 de enero de 1836, pero no tuvo su origen en el interior del recinto, sino que llegó desde el exterior, de una ciudad furiosa por el curso de la guerra contra los carlistas, la impunidad con que los rebeldes actuaban en los pueblos de los alrededo-

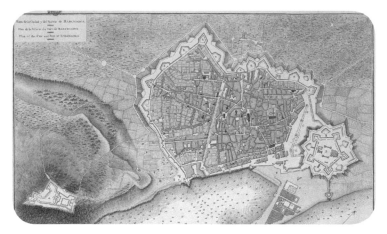

Mapa de la ciudad y del puerto de Barcelona.

res de la ciudad y la pasividad de las fuerzas leales al Gobierno liberal. La gran fortaleza pensada para sujetar a la levantisca Barcelona estaba prácticamente desguarnecida en plena guerra y en el recinto, funcionando solo como prisión, había algo más de cuatrocientos presos, ochenta de ellos prisioneros de guerra carlistas. Desde primeras horas de la tarde de aquel día, grupos cada vez más numerosos de personas se fueron concentrando ante la entrada principal de la fortaleza, enfurecidos por las noticias de atrocidades de los rebeldes carlistas contra la población. En el interior de la Ciutadella, los soldados de guarnición, poco más de doscientos, custodiaban a algunos de los responsables carlistas de esas atrocidades y veían cada vez con más temor que el número de ciudadanos crecía ante las puertas. A las cinco de la tarde grupos de exaltados intentaron quemar la puerta principal y el gobernador de la fortaleza solicitó permiso a la Capitanía para utilizar los cañones y disolver así a los presuntos asaltantes. No recibió respuesta de su superior, el general Álvarez y finalmente, sobre las seis y media de la tarde, una marea de ciudadanos dispuestos a todo empezó el asalto de la Ciutadella. Muchos de los prisioneros liberales asesinados por los carlistas eran soldados del regimiento de infantería Saboya, compañeros de los

que defendían la Ciutadella, por lo
que no parecía que fueran a poner
mucho empeño en defender a sus
prisioneros, como así fue. El prisio-
nero más destacado era sin duda el
coronel Juan O'Donell, carlista y
hermano de Leopoldo O'Donnell
que luchaba en el bando contrario.
O'Donnell fue asesinado en su cel-

Uniforme y armamento de la guardia
de infantería.

da, arrastrado por las calles y quemado su cadáver en la Rambla.
Con él murieron un centenar de prisioneros, la mayoría acuchilla-
dos salvajemente y otros fusilados por los mismos soldados de guarnición. Con sus cuerpos y con enseres de la fortaleza se hicieron
hogueras y el espectáculo se repitió después con los presos en los
calabozos de la Capitanía, entregados por las autoridades sin resistencia alguna.

El relato de lo sucedido en la Ciutadella es uno de los episodios más
siniestros y salvajes de la historia de Barcelona. En la obra citada,
Les bullangues de Barcelona, se recoge el testimonio del coronel Pas-
tors, gobernador de la fortaleza: "Entre tanto corren los amotinados
uno a uno todos los calabozos, sacan los detenidos progresivamente
y van siendo víctimas del furor de un pueblo irritado. Éste ruega le
perdonen la vida, el otro exclamando pide misericordia al Ser Supremo; otro presenta el tierno fruto de su amor a su sacrificadores
para calmar su cólera y mientras una mano generosa se lo arranca
de entre los brazos y lo adopta como hijo, otra mano homicida cla-
va el agudo puñal en el pecho de aquel desgraciado, que termina
sus días dirigiendo la última mirada al caro objeto de su corazón".
En diversas fuentes se habla de unos diez mil concentrados frente a
la Ciutadella de los que algo más de un tercio fueron los protagonistas del asalto y los crímenes perpetrados.

2. En la época estaba permitido que los presos tuvieran con ellos a sus
hijos pequeños.

Joan Sala, conocido con el sobrenombre de Serrallonga.

La calle de las pulgas

La calle Basea se cita habitualmente como el lugar donde cayó la cabeza cortada de Borrell II, el conde de Barcelona que se enfrentó a Almanzor, derrotado en una gran batalla en algún lugar de la comarca del Vallès. El nombre de la calle vendría de *bassetja* lo que en castellano sería una honda que se utilizó para lanzar las cabezas de los cristianos muertos al interior de la ciudad con el fin de aterrorizar a la población o bien del término ballesta porque existía en aquel lugar un terreno donde se practicaba con ese arma. En esta calle no obstante, existe una leyenda tal vez menos interesante, pero más divertida. Una de las casas más antiguas de la calle, albergó, según la leyenda, al famoso bandolero Joan de Serrallonga, pero la casa era más antigua y se la había conocido como la casa de las pulgas. La leyenda afirma que en esa casa creó dios las pulgas que, luego, se extendieron por todo el mundo. Corría el año 1471 cuando vivía en esa casa una mujer, de cierta edad, rica, rodeada siempre de criados y que era incapaz de hacer nada en absoluto pues siempre se lo habían dado todo hecho. La mujer, aburrida y sin saber qué hacer con su vida, pidió a Dios que le enviara un animalillo pequeño y saltarín que la obligara a perseguirlo con lo que tendría una actividad distraída. Dios, en su infinita bondad, creó en ese momento las pulgas, de las que envió una buena provisión a la dama. Torpe ella, aunque intentaba atraparlas, los animalillos eran demasiado ágiles y la cubrían de picaduras, pero la señora era incapaz de coger una sola. Las pulgas, libres y saltarinas, acabaron saliendo de la casa, de la calle y de la ciudad y se dedicaron a colonizar el mundo. De ahí que, en catalán, cuando se hace referencia al "any de la picor" se refiere a algo muy antiguo, concretamente a 1471, cuando la pulga se extendió por el mundo...

El bar de las brujas

Muchas de las calles del barrio de la Ribera, la mayoría, abiertas alrededor de la antigua plaza del Born, hoy paseo, estaban dedicadas a las diferentes cofradías y gremios profesionales que solían agruparse en la misma vía. Una de estas calle fue la de Sitjar (silería en castellano) que hace referencia a los constructores de silos, los depósitos para almacenar el grano. Cuando estos constructores se trasladaron a la calle Tallers, a mediados del siglo XIX, la calle adoptó el nombre de Banys Vells por unos antiguos baños de origen árabe existentes en la misma calle. Cuenta la tradición que al final de esta calle, tal vez en la de Sombrerers, frente a la iglesia de Santa María del Mar hubo una taberna que llevaba el nombre de Sant Ciril donde se dice que tenían lugar reuniones de brujas y se confeccionaban ungüentos y pócimas mágicas. El ungüento más apreciado de la taberna era una cataplasma hecha con golondrinas hervidas en vino tinto. La pócima era recomendada para eliminar el llamado "mal de ojo" que no era otra cosa que una maldición expresada con la mirada. La brujas se reunían en la taberna hacia la puesta del sol y esperaban al toque del ángelus, que marcaba la última hora del día, para empezar sus actividades, fueran aquelarres o encantamientos, pues su reino era la noche. Cuenta la leyenda que salían de la taberna volando y daban unas vueltas por encima del cementerio, del fosar de Santa María, antes de salir a campo abierto donde realizaban sus reuniones.

Placa que señalaba la entrada a la ciudad.

Un lugar mágico

El lugar donde se alza la iglesia de Santa María del Mar no es un lugar cualquiera elegido para construir la catedral de los marineros de La Ribera, sino que responde a una larga tradición mágica que tiene que ver con la llegada (?) del apóstol Santiago (Sant Yago o Sant Jaume) a Barcelona, supuestamente en el año 41 de nuestra era. En ese lugar existió con anterioridad una iglesia románica conocida como Santa María de las Arenas, cuya datación fehaciente es del año 998 pero que probablemente es muy anterior. Esa iglesia, que cuenta la tradición fundó Sant Jaume, se erigió sobre otra capilla paleocristiana anterior, tal vez con el mismo nombre y puede que sea esta la que se afirma que fundó el santo, enviado por Jesucristo, antes de su muerte, para predicar su nueva fe. El hecho de que fundara Sant Jaume la capilla en ese lugar tiene que ver con que entonces, el mar llegaba hasta donde hoy existe el Fossar de les moreres y es casi seguro que existió allí un templo pagano de la época romana con cuyas piedras se construyeron los santuarios cristianos. Fue precisamente en una cueva en ese lugar, en alguna parte del solar que ocupa la iglesia, donde se encontró el cuerpo de Santa Eulàlia, escondido allí durante quinientos años para salvarlo de la destrucción de Al Mansur.

Psicología y espiritismo

Junto a la Via Laietana, ya en el barrio de La Ribera, una pequeña calle, corta y estrecha, lleva el nombre de Basea, cuya numeración alcanza apenas los diez números. En 1908, cuando se inició la gran reforma del casco antiguo de Barcelona que supuso la apertura de la Vía Laietana, la calle Basea era una larga y tortuosa vía que arrancaba del Pla de l'Àngel y llegaba hasta la calle Ar-

genteria, después de numerosas vueltas y revueltas. La numeración se iniciaba en el Pla de l'Àngel y el número 30 debía corres-
ponder a alguno de los tramos ya desaparecidos. Era una calle
principal de la vieja ciudad, con casas señoriales y un activo comercio que se remontaba al siglo XII. En ese número, en el 30,
estuvo situada la imprenta de Leopoldo Domènech, donde se
editaba la *Revista de Estudios Psicológicos*, creada y dirigida por
José María Fernández Colavida, uno de los más prestigiosos espiritistas de España y de Europa. Fernández Colavida falleció, o
como se dice en el argot espiritista, "dejó la Tierra" el 1 de diciembre de 1888 con una pléyade de seguidores que, incluso, le
rindieron culto ante su tumba en el Cementerio Civil.

Todavía muy activos, los miembros del colectivo espiritista
celebraron su Congreso Internacional, en Valencia, entre el 10
y el 12 de octubre de 2010 y en él, Fernández Colavida tuvo
una actuación destacada cuando, a través del médium Divaldo
Pereira Franco envió un mensaje psicofónico[4] en estos términos: "En el momento en que se clausura el 6° Congreso Espírita Mundial, deseamos agradecerte por todas las bendiciones
con que nos honraste, agradecerte el bien, las oportunidades
dichosas, el estudio de la Doctrina Espírita, las reflexiones profundas al respecto de la verdad y el momento de Convivencia
Espiritual Internacional y también agradecerte por el mal que
no logró perturbarnos por cuanto administraste las tareas de
la Divulgación del Consolador no solamente en tierras españolas sino en diferentes cuadrantes del mundo...

...les abrazamos con infinita ternura y rendimos Gràcias a
Dios, el Padre Celestial.

Os abraza, José María Colavida".[5]

4. Se da el nombre de psicofonía a las voces de procedencia desconocida
o no física grabadas por medios electrónicos.

5. La totalidad del mensaje se puede encontrar en: https://groups.goo-
gle.com/forum/?hl=es&fromgroups=#!topic/workers-akssma/RA-
H5oXqh4OU

Verdaguer, Pinyol y Asmodeo

A un paso de la iglesia de Sant María del Mar, en la calle Mirallers, se encuentra todavía en pie el edificio del número 7 donde en 1892 mossén Cinto Verdaguer y los sacerdotes Juan Güell
y Joaquín Pinyol realizaron durante mucho tiempo exorcismos
para expulsar al diablo de aquellas personas que decían estar
poseídas. Verdaguer acababa de regresar de su viaje a Tierra Santa, había decidido dejar de lado su vocación de escritor para
dedicarse a socorrer a las almas en dificultades y se hizo íntimo
amigo y seguidor de mossèn Pinyol, cuya obsesión por el demonio rayaba en la excomunión. Según cuenta Ernesto Milà, el
primer exorcismo que realizó mossèn Cinto fue provocado por
el mismísimo diablo. Mossèn Pinyol realizaba infructuosamen-
te un exorcismo para echar al demonio de una mujer, en el piso
mencionado de la calle Mirallers, cuando el diablo Asmodeo,
hablando por la boca de la mujer le dijo: "no me echarás jamás". Sin ánimo de rendirse, Pinyol le dijo "pues tu me dirás
quién te ha de echar", y Asmodeo le contestó: "el Verdagueret".
Pinyol se presentó pues en el Palau Moya, donde vivía Verdaguer en una habitación cedida por el Marqués de Comillas, y le
comunicó que, de parte de Dios, debía acompañarle a hacer el
exorcismo. Mossèn Cinto tuvo éxito y a partir de ahí se hizo
inseparable compañero de Joaquín Pinyol y de Asmodeo, que al
parecer, disfrutaba peleando con él.

Un viaje milagroso

Muy cerca del lugar que hoy ocupa el Parlament de Cataluña,
en el parque de la Ciutadella, estuvo situado hasta 1720 el
convento de las monjas Clarisas, derribado como la mayor
parte del barrio de La Ribera para construir la ciudadela que
debía vigilar Barcelona tras la derrota en la Guerra de Sucesión
en 1714. En la actualidad existe una pequeña iglesia, neoclási-

La capilla castrense, proyectada por Pròsper de Verboom, se encuentra en el interior del recinto de la Ciutadella.

ca de planta en forma de cruz, construida como capilla castrense dentro del recinto militar que data de 1720. Aquel convento de Clarisas, derribado, había sido fundado en 1236 por un grupo de monjas llegadas desde Roma, donde había fundado la orden unos años antes. La llegada de las monjas fue por mar, que entonces llegaba hasta lo que hoy es el edificio del Parlament, y de un modo milagroso pues se dice que ansiosas por extender su voto de oración y de pobreza, un grupo de monjas clarisas se embarcó en la costa italiana a bordo de una barca sin remos ni vela alguna, con la intención de que la providencia divina les llevara hasta algún lugar donde fundarían un convento. Después de muchos días de navegación a la deriva sin alimentos ni agua, la barca fue a embarrancar en las arenas de La Ribera y allí se quedaron las monjas para levantar su convento. Con la ayuda del obispo de Barcelona, Berenguer de Palou, consiguieron erigir el monasterio.

El escorpión y el brujo

En el número 22 de la calle Estruc, una travesía de Fontanella, se puede ver la placa donde se recuerda al astrólogo y mago Astruc Sacanera que vivió si no en esa misma casa sí en la calle que acabó llevando su nombre. La fama del mago Astruc venía dada por la preparación de pócimas consideradas milagrosas y sobre todo por la llamada *pedra escurçonera*, usada por el mago contra la picadura de insectos y en especial contra el veneno de escorpión. En contra de lo que su nombre indica, la *pedra escurçonera* no era exactamente una piedra, sino una excrecencia extraída de la cabeza del escorpión. La leyenda sobre ese remedio infalible, decía que los escorpiones, muy abundantes en la Cataluña medieval, cuando estaban en reposo se colocaban siempre de cara la montaña de Montserrat por lo que se les podía sorprender atacándoles desde atrás sin peligro de que se revolvieran. No obstante, el oficio de *escurçonaire*, era extremadamente peligroso y lo ejercían muy pocas personas por lo que se las tenía poco menos que por brujos.

En los inicios del s. xv, la calle Estruc se conocía como Astruc Sacanera.

Montjuïc, la ciudad mágica.

La visita de san Pedro

De todas las autoridades eclesiásticas que han visitado Barcelona, sin duda la más destacada ha sido la de san Pedro, si no contamos la de Satanás y Jesucristo al Tibidabo que podría ser discutida y de la que no hay pruebas fehacientes. No es que existan pruebas de que san Pedro, discípulo de Cristo, cabeza de la iglesia y primer papa estuviera en nuestra ciudad, pero existe una tradición recogida por Joan Amades, según la cual el apóstol estuvo en Barcelona en algún momento entre su viaje a Roma y su muerte en el año 67. Ni siquiera el viaje a Roma y su muerte en la capital del Imperio está documentado, pero una leyenda mantiene que Pedro estuvo en Barcelona, viviendo en la colonia judía situada en algún lugar de la montaña de Montjuïc. Se dice que un túnel comunicaba la colonia judía de Montjuïc (*mons judicorum* en latín) con el asentamiento layetano del monte Tàber (la Barcelona pre–romana) y que por ese túnel circulaba san Pedro para predicar entre los layetanos y volver después a su casa.

San Pedro suele representarse con los atributos del libro y la llave.

Otra versión posterior es que en la cima de la montaña, bajo lo que hoy es el castillo edificado en el siglo XVIII, deben estar los restos de un templo romano dedicado a Júpiter, *Iove* en latín, lo que justificaría el nombre Mons Iove y de ahí a Montjuïc.

La "Font del gat" y otras magias

Las leyendas sobre Montjuïc, afirman que su interior está socavado por infinidad de túneles y que eso le da una enorme importancia telúrica, o lo que es lo mismo a la energía misteriosa que emana de la Tierra. Aunque no ha podido ser comprobado por la arqueología, se dice que la montaña estuvo poblada ya en el Paleolítico y prueba de ello era un dolmen existente en la vertiente marina y que fue derribado sin ningún respeto a mediados del siglo XIX. Los aficionados al esoterismo, afirman que ese dolmen, otro existente en la zona del Camp del Arpa –también desaparecido– y un tercero en los alrededores de la Sagrada Familia, formaban una "trilogía megalítica", orientada de norte a sur y también relacionada con esa energía que emana del campo magnético de nuestro planeta. En la interpretación mágica de esta energía, la tierra es como un ser vivo con un sistema nervioso que ya desde el neolítico se señalaba con megalitos, a modo de puntos de acupuntura. En China, donde profundizó en estos estudios se llamaba a este sistema nervioso "venas del dragón", algo parecido a la interpretación que mayas y aztecas hacían de la "serpiente emplumada". Especialmente mágica es la zona conocida como "La Foixarda", donde se construyó el teatro griego

La Font del gat inspiró a Enric Morera la conocida sardana *Baixant de la Font del Gat*.

(que data de 1929, no de la antigua civilización griega), y que es el lugar donde, principalmente, se extraía la piedra para las grandes construcciones de Barcelona. Pero sin duda el lugar más mágico de una montaña mágica es la Font del Gat. En sus inmediaciones se reunían los brujos y brujas de la ciudad que acudían en procesión desde su lugar cita en la calle de la Cadena. En silencio y con antorchas encendidas, subían montaña arriba hasta llegar a la fuente situada en los llamados hoy Jardines Laribal, junto a la cantera mágica que hoy ocupa el teatro griego. Esas reuniones, aquelarres, desaparecieron a principios del siglo XIX pero nunca ha dejado de ser un lugar de cita de ocultistas y brujos que lo siguen considerando un espacio mágico.

Desde antiguo se ha considerado a Montjuïc una montaña mágica. Se dice que en el monte se reproduce la roca que se ha ido extrayendo para la construcción de la ciudad y que en una cueva también oculta bajo el castillo existió un dragón con siete cabezas y tres colas que tenía atemorizado a todo el país. Espiritistas, trascendentalistas o creyentes en ovnis o en la teoría de la "consciencia" sitúan la montaña en el vórtice de un punto mágico de conexión que abarca toda Cataluña. Para estos expertos o investigadores, Montjuïc es un punto de entrada al *intraterreno*[1] o de salida hacia una *consciencia interior* que lleva a un conocimiento de nivel superior y a la conexión con otro nivel, seres extraterrestres. En la noche del 5 de julio de 2009, varios videoaficionados grabaron un extraño objeto sobrevolando la montaña. Se trataba sin duda de un OVNI, en el buen entendido que OVNI significa Objeto Volante No Identificado, no exactamente un "platillo volante" o "nave extraterrestre". El fenómeno, en pleno día, fue fotografiado de nuevo un año después, el 4 de agosto de 2010.

Amalia Domingo

La existencia de un cementerio en la montaña de Montjuïc la hace, si cabe, más misteriosa y esotérica pues en él se encuentran las tumbas de personajes que han pasado a la leyenda por diferentes motivos. Varios de sus ilustres enterrados allí eran masones más o menos declarados, como Isaac Albéniz, Ferrer i Guardia. Joan Amades, referencia básica al hablar de leyenda, también está allí enterrado. Sin embargo, entrando en el terreno del espiritismo y la magia no hay que olvidar que en Montjuïc, la montaña mágica, descansa en paz, o vive una segunda vida, Amalia Domingo Soler, el personaje más destacado de la Barcelona espiritista y feminista. La tumba de Amalia Domingo, se complementa con el número 2 de la calle Séneca, donde estuvo la sede de la Sociedad Progresiva Femenina que ella fundó y dirigió y el local de la calle Santa Madrona donde estuvo la redacción de su revista *La luz del porvenir*. Amalia Domingo era natural de Sevilla, donde nació el 10 de noviembre de 1835. Hacia los años sesenta se instaló en Madrid donde empezó a colaborar con la revista

1.Para definir lo "intraterreno" puede servir este site web: http://angelesamor.org/lemuria/cual-es-el-significado-del-termino-intraterreno.html

Álbum de las Familias y pronto empezó a destacar por su profunda espiritualidad. Su primer libro *Un ramo de amapolas y una lluvia de perlas,* explicaba un milagro, pero fue su relación con la revista *El Criterio,* lo que la introdujo en las teorías espiritistas. Se instaló en Barcelona, en la plaza del Sol del barrio de Gràcia, en junio de 1876, donde se encontraba la sede de la sociedad La Buena Nueva donde estuvo hasta su muerte el 19 de abril de

Escultura funeraria de Josep Llimona.

1909. Las flores no faltan nunca en su tumba de Montjuïc, alrededor de ella se han producido efectos paranormales y todos los años, en el aniversario de su muerte, no faltan los visitantes.

El llamado espiritismo, o la doctrina espiritista, es en realidad una religión atípica y no jerárquica, carente dogmas o de obligaciones prácticas pero que mantiene la existencia de Dios, del mundo espiritual y de la muerte como una transición a otro estado, diferente, que es inmaterial. Lo que le da una connotación muy particular es que cree firmemente en que los espíritus de los fallecidos están en contacto permanente con el mundo material y que influyen en la vida cotidiana de la gente. No deja de ser un reflejo arcaico de lo que algunas religiones africanas consideran obvio y cotidiano. El moderno espiritismo está basado en los escritos y el pensamiento de Hippolyte Leon Denizard Rivali, que trabajaba bajo el seudónimo de Allan Kardec. Kardec definió el espiritismo como el sistema de estudio de los espíritus y lo incluyó en el estudio de la Naturaleza, dándole categoría de ciencia. El espiritismo deviene así como un sistema ético en el que vivos y muertos permanecen en contacto, por lo general a través de personajes especiales conocidos como "médiums", es decir, el medio por el que el espíritu se comunica con los humanos vivos. Al considerar que la muerte es solo un tránsito, el espiritismo denomina "desencarnar" al momento de la muerte y considera que no se pierde el contacto con la persona que ha pasado al otro estadio de la vida, el de espíritu. En su obra primordial *El libro de los espíritus* Allan Kardec mantiene que ha sido simplemente el recopilador de los pensamientos y las enseñanzas que le han llegado a través de varios médiums. En su libro siguiente, *El libro de los médiums*, Kardec se adentra en el mundo de las relaciones entre los vivos y los muertos a través de la herramienta de los médiums e incluso en su libro, *El Evangelio según el espiritismo*, mantiene que el auténtico cristianismo es la doctrina espiritista.

Can Tunis, de triste memoria

En 2004, la remodelación del puerto de Barcelona, con una ampliación hacia el sur, terminó con uno de los barrios más peligrosos y sin embargo más barceloneses como era el de Can Tunis. Conocido en sus últimos años como "el supermercado de la droga" había sido un barrio de barracas poblado mayoritariamente por gitanos y en tiempos de la República y la Guerra Civil más que un barrio era un descampado al pie de la montaña de Montjuïc. De infausta memoria en los primeros días de la guerra, allí solían llevar a dar su último paseo a algunos de los ejecutados por su ideas y su apoyo de la rebelión franquista. Uno de estos fue el ex concejal del Ayuntamiento de Barcelona y destacado militante del carlismo, Salvador Anglada Llongueras. Anglada, natural del barrio de Sants, había vivido siempre en la casa familiar de la calle Rei Martí, en el número 39 y fue uno de los más destacados fundadores del Sindicato Libre, el grupo de pistoleros financiados por la patronal para la lucha a tiros contra los sindicalistas. Anglada era miembro de una ilustre familia de carlistas y

Las condiciones de las barracas y su entorno eran pésimas.

Can Tunis quedaba enclavado entre el cementerio de Montjuïc y el puerto de Barcelona.

tradicionalistas y nada más producirse el alzamiento de los generales, el 19 de julio de 1936, huyó precipitadamente de Barcelona acompañado de su familia. La huida, hacia Tarragona, les llevó hasta Prades donde fueron detenidos por milicianos el día 15 de agosto. Anglada, ferviente católico, tenía razón en cuanto a su huida, pues el mismo día 19 su casa de Sants fue asaltada y quemadas todas sus imágenes y símbolos religiosos. Trasladado a Barcelona, no llegó vivo a la prisión. En la mañana del día 19, de paso por Can Tunis, los milicianos que lo custodiaban lo llevaron hasta un descampado y lo fusilaron allí mismo. Su hijo Ramon, detenido y confinado en varios campos de trabajo y prisiones durante la guerra, también fue asesinado el 4 de febrero de 1939 cuando ya el ejército de la República estaba casi deshecho en las últimas semanas de la guerra.

Las lápidas con inscripciones son testimonio de la presencia de judíos en el pasado.

Judíos en Montjuïc

En el espacio comprendido entre la Carretera de Montjuïc y la de Miramar, cerca de la plaza del Mirador se encuentran los restos del antiguo cementerio judío que, según algunos historiadores, dio nombre a la montaña. Al margen de que el nombre provenga de ese hecho, es cierto que existió allí un cementerio judío que los historiadores han encontrado citado por primera vez en un documento del conde Ramón Berenguer II en 1091. El documento *vetcres iudeorum sepulturas,* Viejas sepulturas judías, menciona la adjudicación del terreno a la Canonjía de la Santa Cruz y Santa Eulália. Se cita también al cementerio de Barcelona en un documento de Tortosa de 1368 otorgándole una antigüedad de "más de quinientos años". Es pues lógico que existiera ahí ese cementerio para la numerosa colonia judía del Call. El cementerio, como el barrio del Call, fue destruido en 1391 por la fiebre anti judía que se desató en Barcelona y en toda la península. Sus tumbas fueron robadas y profanadas e incluso utilizadas sus piedras para la construcción de palacios y casas en Barcelona. Todavía puede verse en el palacio del Lloctinent algunas de estas lápidas utilizadas como material de construcción. El cementerio aparece posteriormente citado como un terreno vacío en diversas referencias desde el siglo XVII al XIX. Cuando las tropas franquistas entraron el Barcelona, el 26 de enero de 1939, los falangistas, filo–nazis, que acompañaban al Ejército, no pudieron profanar el ya desaparecido cementerio, pero sí lo hicieron con el Centro Comunal judío situado en un chalet en la confluencia de las calles Balmes y Provenza, sustituido hoy por un bloque de apartamentos. Los chicos de España Una, Grande y Libre, saquearon el local y destruyeron todo lo que no se pudieron llevar.

El caso del María Josefa

Un extraño suceso, del que nunca se conocieron las causas exactas, tuvo lugar en la noche del 3 de mayo de 1906 en el mar, frente a la playa de Can Tunis, al otro lado de la escollera del puerto. En plena oscuridad, el bergantín goleta *María Josefa*, con bandera uruguaya y que procedía de Gibraltar con un cargamento de hierro, chocó contra la escollera hundiéndose rápidamente. De sus siete tripulantes, todos españoles, se dijo en un principio que habían salvado la vida con la pérdida solo del capitán Rafael Nadal, desaparecido en el mar sin que pudiera ser hallado su cuerpo. Un hijo del capitán, también tripulante, volvió a lanzarse al agua para intentar localizar a su padre, sin éxito, y tuvo que ser rescatado por una barca de pescadores que transitaba en aquel momento por el lugar. Las primeras investigaciones y crónicas periodísticas adujeron como causa del accidente el hecho de que la boya luminosa que debía señalar la escollera estaba apagada, pero fuentes de la Comandancia de Marina, en un comunicado oficial, negaron ese hecho aunque sí especificaron que la iluminación de la boya era muy escasa. El naufragio puso de manifiesto la situación de los tripulantes, españoles pero bajo bandera uruguaya, de modo que ni las autoridades españolas ni las de Uruguay se consideraban responsables de la atención a los posibles náufragos que se suponía habían sido auxiliados por otros buques llegados al lugar del suceso. No obstante, las informaciones periodísticas de la vista en el Tribunal Supremo, siete años después, hablaban claramente de la muerte de seis tripulantes, entre ellos el capitán, y que el único superviviente era el hijo de este. Su reclamación contra el contratista de la escollera, responsable del estado de las boyas, no tuvo éxito y el alto tribunal mantuvo lo dicho por la Comandancia de Marina. En las actas del juicio quedó de manifiesto que un temporal obligó al *María Josefa* a acercarse al puerto de Barcelona cuando su destino, desde Ibiza, era el puerto francés de Marsella. Lo que no quedó nunca aclarado fue el destino de los seis tripulantes desaparecidos, el capitán, contramaestre y cuatro marineros.

La Barceloneta, de nueva planta

El viaje de las brujas

Entre las playas del Somorrostro y de la Barceloneta se adentra en el mar el espigón llamado del gas, pues en su arranque se encuentra todavía la estructura metálica del antiguo gasómetro. En la antigüedad, esa playa del gasómetro era uno de los puntos de atraque de los pescadores del barrio de La Ribera. Cuentan que allá por finales del siglo XVII, todas las mañanas, uno de estos pescadores se encontraba el casco de su barca mojado,

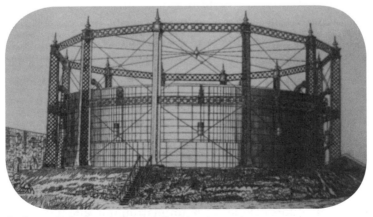

Gasómetro de Catalana de Gas, en la Barceloneta.

como si hubiera estado navegando toda la noche. Irritado por si alguien estaba usando su barca para pescar de noche mientras él descansaba, tuvo la idea de esconderse bajo el banco de su barca y pasar allí la noche para descubrir al desaprensivo. Así lo hizo y nada más ponerse el sol aparecieron en el cielo un grupo de pajarracos que, por el graznido, el pescador pensó que eran cuervos, pero cuando se posaron en la barca, todos ellos se transformaron en mujeres, jóvenes y viejas, desnudas y con largos cabellos tapando sus cuerpos, brujas sin duda. Al momento la barca entró en el agua con furia y emprendió una carrera a una velocidad endiablada, que casi le hizo perder el conocimiento. Todavía de noche, la barca embarrancó en una playa, las mujeres se transformaron otra vez en pájaros y desaparecieron volando mientras el pescador, aún mareado, observaba a su alrededor la vegetación del lugar al que había llegado. Por los relatos de otros marineros y navegantes, el pescador dedujo por aquella vegetación que había llegado a América. Tomó un mango de uno de los árboles encontrados y volvió a meterse en el mismo escondite de su barca. Justo cuando acababa de esconderse llegaron de nuevo los pájaros y transformados otra vez en mujeres, la barca con ellos a bordo emprendió el regreso a la playa de Barcelona con la misma asombrosa velocidad que a la ida, de modo que al amanecer la barca estaba otra vez en su lugar. Cuando el pescador contó a sus amigos y vecinos la aventura, les enseñó el mango para confirmar lo que decía. Unos le creyeron y otros no, pero unos y otros le llamaron desde entonces "El Mitja Lluna" para indicar, o bien el momento de su viaje, o su desequilibrio mental, ¡quién sabe!

Un bocado de pan

En el mismo barrio de la Barceloneta, en algún lugar cercano a la calle de Andrea Doria, vivía un matrimonio allá por el año

de 1877, es decir, cuando ya
parecía que nadie creía en
las brujas. Se cuenta
que el marido em-
pezó a frecuentar
a una mujer del
barrio con fama de
bruja, algo que él ignoraba,
seducido por su belleza. Al cabo
de un tiempo, la esposa se enteró
del asunto, pero a la vista de que

"No dejes que el dragón se coma el trozo de pan que tiene en la boca."

su marido parecía más contento que de costumbre e incluso más atento con ella, decidió no hacer nada. No sucedió lo
mismo con la amante–bruja que, un día, pidió al marido que
le trajera un trozo de pan que hubiera mordido su esposa. Suspicaz, el marido le aseguró que lo haría pero se las arregló para
proporcionarle un trozo de pan mordido por la bruja misma.
Al cabo de pocos días, la hechicera enfermó e hizo ir a buscar
a su amante. "Me has engañado, el pan era mío y no de tu
mujer", le dijo. A continuación le explicó lo que debía hacer
para evitar que muriera, pues el sortilegio era para matar a la
esposa, no para suicidarse. Le contó entonces la bruja que debía ir a una cueva más allá de Sant Martí donde encontraría
una gran piedra. Debía levantar la piedra donde encontraría
un conducto y dentro de él una salamanquesa[1] con un pedazo
de pan en la boca; a toda costa debía evitar que el animal se
comiera el pan, debía quitárselo de la boca y matarlo, si es que
aún estaba vivo. El hombre, desencantado de la bruja, llegó a
la cueva, levantó la piedra y encontró a la salamandra viva y
con el pan en la boca, pero en lugar de hacer lo que le había

---

1. Un especie de reptil que no tiene nada que ver con el dragón mito-
lógico.

El remodelado Palau de Mar acoge hoy el Museu d'Història de Catalunya.

dicho la bruja, volvió a colocar la piedra en su sitio y luego amontonó sobre ella muchas más para evitar que la salamandra saliera. Al cabo de unos días, la bruja había muerto.

La rebelión contra las tasas

En playa de la Barceloneta, por donde hoy circula el Paseo Marítimo, estaba situado en la primera mitad del siglo XIX el Gremio de Pescadores, que ocupaba una barraca donde se recaudaba un impuesto a los pescadores según el peso de sus capturas. Este impuesto, en plena guerra carlista, iba a parar a las monjas de Sant Pere de Les Puelles y a los monjes de Montserrat, sospechosos ambos de sostener a los carlistas que estaban sembrando Cataluña de muerte y destrucción. Junto a esa barraca estaba también la de los "pesadores" de carbón y leña donde también se cobraba tasas a los pequeños comerciantes. Todas esas barracas, incluida la de la poderosa Cofradía de Sant Elm, que controlaba la carga y descarga de los muelles, fueron pasto de las llamas a manos de una multitud enfurecida en los primeros días de agosto de 1835.

La serie de rebeliones y violencias conocidas como "las bullangas" no se limitaron pues a la quema de conventos, sino que tuvieron como objetivo en gran medida todos los organismos municipales o estatales encargados de cobrar impuestos y tasas, considerados abusivos y que muchas veces iban a parar directamente a las órdenes religiosas. Ese mismo día en medio del desorden y la violencia, un grupo de revoltosos buscó y persiguió en la zona portuaria al comandante de la Fuerza Naval en Barcelona, Pedro Hurtado de Corcuera, ilustre marino, que hubo de refugiarse a bordo de un buque de guerra francés amarrado en el puerto.

El Torín, donde todo empezó

Como es sabido, la primera plaza de toros construida en Barcelona fue la llamada El Torín, en la Barceloneta, en el terreno donde se encuentran hoy el Parc de la Barceloneta. En 1834, cuando se decidió la construcción de la plaza de toros, los terrenos eran propiedad la Casa de Caridad en una zona que sería conocida después como la Puerta del Mar. Las obras del coso taurino fue-

Pese a los alborotos de 1835, el Torín mantuvo su actividad hasta 1932.

ron dirigidas por Josep Fontseré i Domènech, prestigioso arquitecto que formó parte de la Comisiò de l'Eixample formada por el Ayuntamiento de Barcelona que estudió el derribo de las murallas. En julio de 1834 la plaza estaba ya lista para ser usada con un aforo de 12.000 personas y fue inaugurada por los diestros Juan Hidalgo y Manuel Romero y el rejoneador Francisco Sevilla. Durante el primer año funcionó con toda normalidad hasta que el 25 de julio de 1835, en plena guerra carlista y con una situación de tensión en la ciudad, se produjeron los espeluznantes hechos que marcaron la historia del Torín más que ninguna corrida. Los toreros Manuel Romero y Rafael Pérez de Guzmán se enfrentaron aquella tarde a seis toros de la ganadería de Moheda de Zalduendo, Cáceres, tan malos y mansos que provocaron la indignación del público. Primero fueron lanzados a la arena los pañuelos y sombreros, luego empezaron a arrancarse los bancos, las banderas y todo objeto que hubiera en las gradas en medio de un gran griterío. La guerra, el hambre, el mal gobierno… todo ello contribuyó a que, frustrada la única diversión de la época para el pueblo, estallara la revuelta. Miles de personas salieron de la plaza y se dirigieron hacia la Rambla cada vez más enardecidos. Al tiempo que se acercaban hacia la calle principal de la ciudad se iban añadiendo a los indignados los pescadores y obreros de la Barceloneta y ciudadanos de todo tipo de la Ribera y el Raval. Alborotadores, políticos descontentos, miembros de sociedades secretas, anticlericales y ciudadanos indignados en general fueron convirtiendo la protesta taurina en algo mucho más grave. Se empezó a corear la consigna "El bou gros" que quería indicar al inoperante capitán general Llauder y la furia se dirigió, como ya es sabido, hacia los conventos y el clero con la quema de edificios religiosos y el asesinato de una decena de monjes. El Torín fue cerrado durante catorce años a causa de aquellos hechos y nunca más pudo quitarse aquella trágica fama adquirida el 25 de julio de 1834.

Un poema popular corrió a partir de entonces:

El dia de sant Jaume
de l'any trenta-cinc
va haver-hi bullanga
dintre del Torín!
Van sortir sls turus
que van ser dolents.
Això va ser causa
de cremar els convents.

Miquel Pedrola y el caso de Andreu Nin

En la esquina de la calle Sant Miquel con la de Escuder, el escritor e historiador Dani Cortijo[2] descubrió después de mucho esfuerzo una inscripción manuscrita con el nombre de Miquel Pedrola, vecino del barrio y miliciano del POUM, muerto en el frente de Aragón en 1936. La historia de la recuperación se puede encontrar en el diario *El Mundo*[3] donde se relatan los esfuerzos de los vecinos y de Dani Cortijo por evitar la pérdida y la destrucción de una parte de la historia de la Barceloneta. Miquel Pedrola murió en un lugar conocido como Molino Palacín, en la localidad de Tierz, Huesca, el 7 de septiembre en un combate contra voluntarios falangistas y tras los funerales en Barcelona, sus compañeros sustituyeron el nombre de calle de Sant Miquel por el del muchacho fallecido. Desde los 16 años, Pedrola era militante del BOC, el Bloc obrer i Camperol, y en 1935 era ya miembro de la ejecutiva del POUM (Partido Obrero de Unificación Marxista, comunistas de línea trotskista contraria a Stalin). Del homenaje a Pedrola, en febrero de 1937, existe una magnífica fotografía de Agustí Centelles[4] donde su puede ver el cartel con su nombre en la actual calle de Sant Miquel. El homenaje a Pedrola contó con

2. *Historias de la historia de Barcelona,* Robinbook.
3. http://www.elmundo.es/elmundo/2010/08/18/barcelona/1282127835.html
4. http://www.flickr.com/photos/etecemedios/4945639068/

la presencia de Andreu Nin, el máximo dirigente del POUM, en uno de los últimos actos públicos a los que acudió antes de su misteriosa muerte en Alcalá de Henares. Nin fue detenido poco después, en junio de 1937, en Barcelona, tras el enfrentamiento de mayo entre trotskistas y anarquistas por un lado y republicanos y comunistas del PSUC por otro. Trasladado a Madrid, estuvo detenido en la checa de Alcalá de Henares hasta finales de junio y su cadáver apareció después en una fosa común. La versión del Gobierno de la República, dirigido por Juan Negrín, fue que elementos de la Gestapo, "sus amigos" en la versión oficial, le rescataron de la checa y no se supo más de él. La otra versión, más creíble, es que fue asesinado en la checa por orden de Alexander Orlov, el agente de Stalin en España, miembro del NKVD, la policía política precursora del KGB.

Retrato de Miquel Pedrola.

La leyenda de la llorona

Existe una leyenda muy extendida por diversos países en la que el fantasma de una mujer desesperada vaga llorando sin consuelo y es un peligro para los niños pues toda su obsesión es llevárselos para paliar su dolor. Esta leyenda, de la "llorona", tiene también un lugar en la historia de la Barceloneta de finales del siglo XVIII y cuenta el caso de una mujer, felizmente casada y madre de dos hijos. Esa mujer feliz un día fue abandonada por su marido, marinero, o desapareció en el mar que eso nunca se supo. Se quedó la mujer, viuda o abandonada, al cuidado de sus dos hijos, desesperada y deprimida, incapaz de atender debidamente a los pequeños. Un día, en un ataque depresivo, llevó sus vástagos hasta la playa y los introdujo en el mar, lo más lejos que pudo y los dejó morir ahogados. Desesperada y enloquecida echó a correr hasta que fue atropellada y muerta por un carruaje. Desde ese aciago día, el espíritu de la mujer, torturado y sin dejar de llorar, se pasea en las noches de luna por la playa solitaria y durante muchos años las mujeres escondían en casa a sus niños cuando la oían pues decían que se llevaba a los que encontraba solos para compensar la pérdida de los suyos.

La protagonista de esta leyenda no puede soportar el desconsuelo por haber ahogado a sus hijos.

Más allá de la muralla.
Cuando la ciudad se liberó

L'Eixample

El cadalso y el mercado

En la manzana comprendida entre las calles Comte Borrell, Tamarit, Comte d'Urgell y Manso se levanta el mercado de Sant Antoni, uno de los más antiguos de la ciudad, construido entre 1872 y 1882 por Rovira i Trias. Las murallas de la ciudad se acababan de derribar y Barcelona crecía en todas direcciones, ocu-

En el siglo XXI la restauración del mercado ha querido recuperar los restos arqueológicos de este lugar.

pando el Pla, la zona agrícola y agreste que la rodeaba por norte y sur, uniendo los pueblos limítrofes. Cuando se trazaron los planes de construcción, basados en el Eixample de Cerdà, la zona de Sant Antoni se encontró con un problema inesperado. En el lugar donde hoy se levanta el mercado, un erial desde tiempos inmemoriales, se había levantado uno de los cadalsos de la ciudad donde se ajusticiaba, tradicionalmente por ahorcamiento, a los reos. Cuando se planeó la construcción de viviendas, los vecinos más cercanos explicaron que desde años atrás, los espíritus de los ajusticiados vagaban por el lugar y no permitían el paso por donde habían muerto. De un modo discreto, el Ayuntamiento optó por urbanizar la zona y construir allí el mercado porque nadie tendría que pasar la noche en él soportando la cólera de los fantasmas.

Indianos y poetas

En 1874, el Eixample de Cerdà estaba en plena expansión y los capitales importados desde Cuba, en el bolsillo de grandes familias catalanas, jugaban a la especulación y la ostentación en el nuevo espacio ciudadano. Una de estas familias, enriquecidas en Cuba, fue la Goytisolo, que tan grandes escritores ha dado después a la literatura. Uno de los principales constructores en el Eixample fue precisamente Agustín Goytisolo, bisabuelo de la saga de escritores. Antonio Goytisolo Digat, hijo de Agustín y abuelo de los literarios hermanos, que había estudiado desde muy joven interno en un colegio de Mataró, se instaló en una magnífica mansión unifamiliar en el cruce de la calle Pau Claris con la de Mallor-

José Agustín Goytisolo puso a su hija el nombre de su madre, muerta en un bombardeo.

ca. La casa recibió indistintamente el nombre de Casa Goytisolo o Casa Taltavull, el apellido de su esposa, y fue derribada probablemente en los años veinte del siglo pasado. Como explican las biografías de los Goytisolo, a pesar de su origen vasco–cubano, a partir de Antonio Goytisolo Digat la familia se hace exclusivamente barcelonesa, no solo por sus negocios, sino por su implicación intensa con la ciudad. El drama de los Goytisolo se inició, como el de tantos españoles, con la sublevación militar de 1936. En plena guerra, los tres hermanos Goytisolo, José Agustín, Juan y Luis sufrieron una pérdida terrible e irreparable, la muerte de su madre, Julia Gay, el 17 de marzo de 1938 cuando una bomba lanzada por la aviación italiana (al servicio de Franco) estalló sobre un camión cargado de explosivos en el cruce de la calle Balmes con la Gran Vía.

El fantasma del Gran Maestre

En el Paseo de Gràcia, lleno de espectaculares mansiones, estuvo la residencia de la familia Montoliu, originaria de Tarragona y premiada por Alfonso XIII por su fidelidad monárquica. Varios miembros de la familia Montoliu–Togores tuvieron una destacada presencia en la Barcelona de la primera mitad del siglo XX y uno de ellos fue Francisco de Montoliu y Togores, fundador de la Sociedad Teosófica Española. La Teosofía fue una tendencia espiritualista de tipo filosófico impulsada por la escritora y ocultista rusa Helena Blavatsky que se introdujo en España de la mano de Francisco de Montoliu que mantenía correspon-

Madame Blavatsky fue una gran difusora de la teosofía.

dencia con ella. Francisco lucía un físico atlético y deportista, una gran inteligencia y cultura y su afición al violín y su misoginia tienen una curiosa coincidencia con el detective Sherlock Holmes, creado por sir Arthur Conan Doyle. Era Francisco en cierto sentido un hombre adelantado a su tiempo, fanático de las obras de Jules Verne, en especial de *Veinte mil leguas de viaje submarino*. Su hermano y biógrafo, Manuel de Montoliu y Togores, relata que, en la biblioteca de su mansión barcelonesa, Francisco, gran intérprete, ejecutaba piezas al violín para que fueran disfrutadas por sus antepasados, cuyos retratos adornaban la estancia. Entre los retratados se encontraba Manuel de Montoliu–Eril, que fue Gran Maestre de la Orden de San Juan de Jerusalén, una de las órdenes guerreras, que también recibió el nombre de Caballeros de Rodas. Al parecer, Manuel de Montoliu–Eril murió joven por lo que no había tenido tiempo de seguir la tradición de la nobleza de hacerse retratar a edad avanzada para engrosar la galería familiar, por lo que se optó porque el pintor hiciera el retrato con el cadáver como modelo. Fiel al realismo en la pintura, el retrato del gran Maestre reflejaba ciertamente una figura tétrica, con los ojos vacíos y expresión fría y ausente. Manuel de Montoliu y Togores, hermano pequeño de Francisco y autor de la biografía, como se ha dicho, relata que algunas veces, mientras Francisco tocaba el violín, Manuel de Montoliu–Eril descendía del cuadro y le acompañaba al piano, con unos sonidos tan lúgubres que espantaban al resto de los habitantes de la casa, ninguno de los cuales se atrevió nunca a entrar a la biblioteca.

Casa o templo

El templo de Augusto, el más importante de la Barcino romana, desapareció hace muchos siglos, pero en 1882, el arquitecto Josep Vilaseca, por alguna razón misteriosa, quiso recuperar aquel monumento único y construyó la casa Masriera que ocupa hoy el número 72 de la calle Bailén, en el Eixample. Se trata de un gran edificio, en todo semejante a lo que debió ser aquel templo

Este edificio con aire de templo romano estaba destinado a acoger una taller de artistas.

dedicado al primer Imperator romano, Octavio Cayo Julio César Augusto. Una bella fachada principal, con cuatro columnas de estilo corintio, sujetan un frontispicio triangular en cuyos extremos, dos grifos, animales mitológicos, parecen vigilar la entrada. El edificio incluye diferentes signos masónicos, como las estrellas de cinco puntas de la verja y confirma el hecho de que los Masriera, joyeros de prestigio, tenían vínculos con el ocultismo y la masonería

La pajarera y los pájaros

La plaza de Cataluña, es cosa sabida, no figuraba en los planes de Ildefons Cerdà para el nuevo Eixample de Barcelona y tras el derribo de las murallas, el espacio situado justo delante de la Rambla se llenó de construcciones con el mismo nivel y la misma finalidad que las del Paseo de Gràcia. Entre los edificios que se construyeron en ese espacio figuraban algunos tan interesantes como la Casa Estruch, la Casa Rosich o la Casa Gibert. Todos ellos fueron derribados para abrir la nueva plaza que ha acabado siendo lo más emblemática de Barcelona. En la parte central, junto al Paseo de Gràcia, se levantaba uno de los cafés más cono-

El aspecto de la Plaça Catalunya de hace un siglo poco tiene que ver con su fisonomía actual.

cidos y concurridos de la ciudad, La Pajarera. Era un edificio de una sola planta, con aspecto de quiosco, aunque amplio y con cierto empaque que estuvo en pie apenas unos años, hasta 1894 en que fue derribado dentro del plan de despeje de la plaza. En ese café, poco antes de su cierre, el domingo día 9 de ese mismo año de 1894 tuvo lugar una reunión que acabaría en tragedia. Alrededor de una de sus mesas, cuatro hombres tomaban unos licores, Aniceto Peinador, Enrique Benavent, Amadeo Puig y Ramón Roig. Antes de la llegada de Roig, adinerado y presuntuoso, los tres primeros, jóvenes alrededor de los veinte años con una vida un tanto desordenada, habían tomado la decisión de atracarle y después de unas cuantas copas salieron a la calle con la excusa de "dar un paseo". Llegados a la calle de Banys Vells, ya de noche y en plena oscuridad, metieron a Roig en un portal y mientras Amadeo Puig le sujetaba, Aniceto le clavó varias puñaladas con tan mala puntería que además de a Roig mató a su cómplice, Puig. El tercer conjurado, Enrique Benavent, no participó en el crimen, aunque sí en la conspiración. Aniceto Peinador y Enrique Benavent fueron detenidos poco después y condenados ambos, el primero a la pena capital y el segundo a prisión. Aniceto, de solo 19 años, fue ejecutado a garrote vil, en la prisión Amalia, el día 12 de julio de 1892.

Subirachs i el quadrat màgic

Al margen de la polémica suscitada por Josep Mª Subirachs[1] en torno a su trabajo en la fachada de la Pasión de la Sagrada Familia, en esa fachada incluyó en su momento un "cuadrado mágico", de 4x4 columnas y filas. El cuadrado de Subirachs suma 33 sea cual sea el orden en que se realice la operación, vertical, horizontal o diagonal, lo que se llama el número mágico, una particularidad que lo hace diferente, pues los cuadrados mágicos de orden cuatro suelen tener como número mágico el 34. Aunque pueda parecer un ejercicio matemático sin más consecuencias, estos cuadrados se han empleado siempre en rituales mágicos que tienen que ver con la invocación a demonios o a espíritus,

Los números que utiliza el escultor Subirachs en este cuadrado mágico de la Sagrada Familia tienen un valor simbólico.

1. A propósito del trabajo de Subirachs ver la obra: *Enigmes de Barcelona*, José Luis Caballero, Editorial Robinbook.

sean benignos o malignos y en la petición de favores a los espíritus. En un formato más pequeño pueden ser utilizados como colgante o como talismán de buena suerte, para ahuyentar malos espíritus o beneficiar al que lo lleva. En concreto, el cuadrado de Subirachs podría representar un símbolo masónico, pues el número 33 da la casualidad, o no, que es el número de grados masónicos del rito escocés, el más antiguo de la masonería, lo que parece confirmar la creencia de que Antoni Gaudí pertenecía a la masonería, algo nunca demostrado y negado por quienes le conocieron. Normalmente, un cuadrado mágico no repite números, pero este sí; el 14 y el 10 están repetidos, lo que facilita la suma de 33 en todas direcciones, pero esta repetición y la falta del 12 y el 16 permite que se puedan obtener más resultados 33 de los que serían factibles completando la serie de números sin repeticiones. Para los conocedores del esoterismo, el 12, uno de los números que faltan, es uno de los números mágicos pues definen los meses del año, los signos del zodíaco, las dos partes en que se divide el día, las puertas del Jerusalén celeste y los doce apóstoles. ¿Por qué falta ese número? Tal vez solo para completar el ejercicio matemático, desde luego, pero podría tener alguna otra simbología. El cuadrado de Subirachs parece inspirado en el que creó Durero, también de orden cuatro, pero que no repetía números y la suma en todas direcciones era 34, un número que se consideraba el correspondiente al dios Júpiter de los romanos.

El trabuco de Noves

En el cruce de la Ronda de Sant Pere con la calle Alí Bey, en el lado mar, existió hasta el derribo de las murallas en 1854 el baluarte de Sant Pere, uno de los once que protegían la ciudad desde el siglo XVII. En ese baluarte tuvo lugar en 1697 uno de los hechos de armas más curiosos durante el sitio de Barcelona en la guerra de los nueve años. Estaba la ciudad sitiada por el ejército

El conflicto de la Guerra de los Nueve Años trajo la lucha a diferentes zonas de Europa y también América.

francés mandado por Louis–Joseph de Vendôme cuando el día 6 de julio lanzaron un fortísimo ataque contra el baluarte de Sant Pere, pero la tropa francesa, catorce compañías de granaderos, fusileros y dragones se encontraron con un personaje inesperado, un hombre llamado Lluís Noves, oriundo de l'Hospitalet, ingeniero y artillero. Noves había inventado y puesto en práctica una especie de trabuco de gran tamaño, construido en madera, que tres años antes había conseguido desarbolar al ejército francés en la población de Castellfollit. El trabuco se cargaba con bombas, que en Castellfollit habían sido improvisadas, y su efecto era muy superior al de la artillería convencional. El virrey de Cataluña, Francisco de Velasco, no había hecho demasiado caso al invento de Noves, pero en vista de la situación le había enviado a Barcelona con su trabuco y el arma se instaló en el baluarte de Sant Pere. El asalto de los franceses terminó con un desastre para ellos, pues el trabuco de Noves destrozó a los asaltantes causándoles más de ochocientos muertos y heridos y salvando la situación. La mala noticia es que un mes después, el 8 de agosto, Barcelona capituló ante Vendôme y los franceses entraron en la ciudad donde permanecieron hasta la firma del tratado de paz de Rijswijk, un mes después.

El Palacio de Justicia y el bosque de Vilassar

El Palacio de Justicia de Barcelona situado en el Paseo de Lluís Companys es un señorial edificio, un poco siniestro, construido entre 1887 y 1908 para albergar a los juzgados de la ciudad y a la Audiencia de Barcelona, la más alta instancia jurídica. La labor de los magistrados, siempre en el ojo del huracán de los conflictos, puede acarrear, y de hecho lo hace alguna vez, dificultades o críticas por parte de los ciudadanos que acuden como acusados o como acusadores. En ocasiones, pocas aunque es difícil precisarlo, algunos magistrados se han encontrado con un enemigo imprevisto: el demonio, o sus adoradores. Tal fue el caso de una juez que responde a las iniciales de M.C.M.E. encargada de un caso de malas prácticas en un tratamiento de belleza plástica. La denuncia de unos operarios que trabajaban en la línea eléctrica en una zona boscosa de Vilassar de Dalt puso al descubierto las huellas indudables de una "misa negra" efectuada en un lugar llamado Camí de la Font de Sant Mateu. Entre los objetos encontrados, la Guardia Civil pudo identificar un rudimentario altar con un mantel rojo, manchas de sangre y restos de pequeños animales, entre ellos el cuerpo decapitado de un ave. Al estilo de las ceremonias de vudú, los agentes encontraron también restos de puros "caliqueños" y cuatro recipientes de cerámica con cuatro folios, uno en cada uno de ellos, cuidadosamente doblados, con los nombres de cuatro personas. Uno de esos nombres era el de la magistrada M.C.M.E., otro el de un abogado de Barcelona de iniciales E.G.R., el tercero de una clienta de ese mismo abogado, M.A.G.N. y el cuarto una lista de personas relacionadas con el gabinete de estética. La relación fue descubierta inmediatamente, M.A.G.N. se había sometido a una intervención de estética en los labios que resultó en un herpes, acudió a los servicios de E.G.R. para demandar al gabinete y el caso recayó en M.C.M.E. Aunque las amenazas o coacciones a la juez han añadido gravedad al asunto, lo cierto es que en Vilassar mucha gente ya conocía que en aquel lugar tenían lugar actos de vudú, santería... o satanismo.

Masonería y cultura, la biblioteca Arús

En el número 26 del Paseo de San Juan se puede visitar la magnifica Biblioteca Arús, sin duda la mejor y más completa que existe en Barcelona sobre dos temas, el movimiento obrero en general por un lado y la masonería por otro. Ramon Arús i Arderiu, cuyo nombre lleva la biblioteca, vivió en esa casa hasta su prematura muerte en 1891. Había nacido en Barcelona en 1844 y fue el fundador de la Gran Logia Simbólica Catalana-Balear, disidente de la masonería oficial, después de formar parte de varias logias masónicas desde que en 1866 ingresó en la Logia La Fraternitat número 1. Arús hizo suyos los ideales masónicos de Libertad, Igualdad y Fraternidad y se dedicó a difundirlos mediante publicaciones, obras de teatro, conferencias y tertulias. La biblioteca cuenta con 69 estudios destacados sobre la masonería en general y gran número de artículos, cartas y documentación con

Interior de la biblioteca Arús.

Detalle del exterior de la biblioteca.

títulos tan sugestivos como *Revelación y razón. Vaticano y masonería* de Enrique López Sevilla, *Catecismo de las ritualidades necesarias para los aprendices masones: sacado de los mejores autores clásicos y modernos de la orden y aumentado con otras cosas sumamente útiles e instructivas*, de Andrés Cassard, *¿Una Logia masónica?: la masonería vista por el franquismo. Dos ideales opuestos: jesuitismo y masonería* de Matías Usero.

El edificio y el local donde se ubica la biblioteca, la casa donde vivió Arús, es también todo un símbolo masónico. La escalera está flanqueada por dos columnas de estilo jónico y una réplica de la estatua de la Libertad, típicos elementos masónicos. En el suelo, otro símbolo de la masonería, una cuadrícula blanca y negra con una figura humana tocada con un gorro frigio y el símbolo universal de la masonería, un compás y una escuadra encima del escudo de la logia Avant, creada por el propio Arús.

El suicidio de Gamper

El número 4 de la calle Girona, junto a la Ronda de Sant Pere, corresponde a un edificio de elegante fachada y aspecto señorial, aunque no tanto como los que bordean el Paseo de Gràcia. En ese edificio, en cuyos bajos se conserva un comercio de ropa infantil aún no colonizado por los profesionales chinos que proliferan en el barrio, tuvo lugar un luctuoso suceso el 30 de julio de 1930, nueve meses después del famoso "crack" de la bolsa de Nueva York que destruyó la economía de aquel país y hundió en la miseria a industriales, financieros y trabajadores. Ese día, Joan Gamper, fundador y presidente en varias ocasiones del F.C.Barcelona, se suicidó en su piso

El equipo y el posado de los jugadores es bien diferente en la actualidad.

de ese edificio disparándose un tiro de revólver en la cabeza. Tenía entonces 50 años y el motivo de tan drástica y terrible medida fue causado por la represión a que le sometió la dictadura de Primo de Rivera por su catalanismo y también por el resultado de aquel desastre financiero que acabó con su fortuna y le sumió en la desesperación. Según publicó *La Vanguardia* en su momento, el suceso provocó "profunda pena" y "dolorosa sorpresa", pero no daba detalle alguno ni de las causas ni de los detalles de la muerte de tan prestigioso personaje. De resultas del crack de la bolsa, la empresa textil que sustentaba la economía de Gamper se hundió irremisiblemente y Gamper había pasado meses con un tratamiento antidepresivo que, finalmente, no fue suficiente. El entierro del fundador del F.C. Barcelona fue una gran muestra de dolor. La comitiva fúnebre salió de su domicilio y después de ser expuesto su ataúd en las oficinas del Club en la calle Diputación, sus restos fueron trasladados al cementerio de Montjuïc donde reposa en la cripta familiar.

El cine desaparecido

De vez en cuando, un incendio de origen desconocido, fortuito o no, destruye algún local que, o bien había dejado atrás sus mejores tiempos, o tal vez tenía una mejor oferta de aprovechamiento. Desde luego que puede ser un accidente fortuito debido a instalaciones eléctricas obsoletas o a falta de cuidado en unas obras. Algo así debió suceder en el número 23 del Paseo de Gràcia el día 7 de abril de 1991. En ese lugar estaba ubicado el cine Fémina, una sala abierta el 16 de marzo de 1929 y que se había convertido en una de las salas de cine de referencia en la ciudad. Eran poco más de las doce del mediodía de

El cine Fémina tuvo que cerrar durante la Guerra Civil.

un domingo cuando saltó la alarma entre los transeúntes ante una negra columna de humo que salía del edificio de planta baja y tres pisos donde estaba ubicado el cine. Para entonces, el fuego ya era imparable y poco después, aún con la rápida llegada de los bomberos, se hundió el techo sentenciando a la veterana sala. Estaba en cartelera la película *Tres hombres y una pequeña dama*, protagonizada por Tom Selleck y sobre el incendio se barajaron las hipótesis habituales, una colilla mal apagada de los servicios de limpieza que habían dejado el local sobre las diez de la mañana o bien un cortocircuito, pero el caso es que el cine estaba inmerso en un litigio desde hacía años que afectaba a los propietarios del local y a los arrendatarios. Según informó *La Vanguardia*, el solar donde estaba el cine tenía suspendida la licencia de obras, por lo que no se podía derribar el edificio ni por tanto edificar en él. Unos años antes, en 1987, el cine había estado a punto de cerrar cuando los propietarios se negaron a renovar el contrato de arrendamiento suscrito con la empresa Kursaal que a su vez cedía el derecho de exhibición a Balañá. Los propietarios, obligados a prorrogar el arrendamiento y bloqueados por la ordenanza municipal, perdieron una gran oportunidad de negocio para vender el solar a un grupo francés que pretendía instalar unas galerías comerciales. Y a eso había que añadir que Industria, S.A., la empresa propietaria, lo era también del contiguo Hotel Urbis. El incendio fue una solución al conflicto y como se dice en Italia «si non e vero e ben trovato».

La sala Fémina fue la primera que proyectó en Barcelona una película por el sistema de Cinemascope que superaba el antiguo formato. El 17 de mayo de 1954 proyectó en su sala *La túnica sagrada*, filme histórico–religioso protagonizado por Victor Mature y Richard Burton filmado en Cinemascope. Durante la Guerra Civil, el cine permaneció cerrado y volvió a abrir sus puertas el sábado 4 de marzo de 1939, todavía en guerra pero con Barcelona ocupada por los vencedores, con la paradoja de una película «marxista», *Una noche en la ópera*, de los Hermanos Marx.

Un fantasma de cine

En el número 100 de la calle Provenza, en la esquina de Vilado-mat, estuvo hasta 1976 el cine que, en sus últimos tiempos lleva-ba el nombre de Provenza. Había sido inaugurado en septiembre de 1939, poco después del final de la Guerra Civil, con ese nom-bre, pero antes había sido el Cinema Reynald, entre 1930 y 1935, y el Cinema Rosó en los años de la guerra, 1936–1939. Era uno de los llamados cines de barrio, o de reestreno, con sesiones de dos películas y, en tiempos del franquismo, con el añadido del No–Do, el noticiario cinematográfico oficial. Aunque muchos ci-nes, sobre todo si fueron teatros, tienen sus historias de fantas-mas, la del Provenza es curiosa porque se hizo presente cuando ya estaba demolido. Al empezar la construcción del bloque de pisos que ocupó su espacio, empezaron a aparecer luces y ruidos extraños durante la noche sin que nadie pudiera aclarar de qué o quién se trataba. La versión menos poética es la de un trabajador de la construcción despedido que quería perjudicar a la empresa constructora, algo inverosímil cuando todo el mundo sabe que las empresas constructoras no se asustan de nada. El fantasma tal vez tenga más que ver con el hecho de la larga agonía del cine que primero fue objeto de desmantelamiento y venta de todo su contenido, luego derribado a piqueta, sin respetar sus viejas pa-redes y sustituido después por un bloque de pisos con la clásica entidad bancaria en sus bajos.

El Hotel Bristol

Si Barcelona era un nido de espías durante la Primera Guerra Mun-dial, uno de los lugares donde podía haber más concentración de ellos era el Hotel Bristol, en la plaza de Cataluña. El hotel, uno de los más prestigiosos de la ciudad, ocupaba el edificio conocido como Casa Manuel Baixeras, en la esquina de la Rambla de Cataluña y que hasta hace poco era sede de Caja Madrid. Un informe confidencial del servicio de Inteligencia español de finales 1918 daba cuenta de la presencia de varios ciudadanos rusos alojados en ese hotel y que habían despertado la suspicacia del contraespionaje. Uno de estos rusos era Vladimir Tinicoff, también conocido como Michel Weissben, expulsado de Francia y de Italia al que se calificaba de "peligroso por sus ideas maximalistas". En el Bristol se alojaba también Theodor Stein, de "ideas socialistas muy atrevidas", de nacionalidad austriaca y origen judío, según el informe, y Abraham Cohen y Saúl Seruya, también judíos "a juzgar por su nombre". De Timicoff se decía que había sido periodista en Marsella, expulsado de Francia por sus ideas. Timicoff, o Weissbein, fue detenido y encarcelado en la Modelo sin una acusación concreta, pero como sospechoso de espionaje. Un artículo de Julio Camba en *La rana viajera*[2], daba cuenta de la detención de Weissbein y de su queja por ser encarcelado sin ninguna acusación, solo la que señalaba Camba "ser ciudadano ruso". Con su habitual sentido mordaz, Camba señala: «No hay manera de ser ruso en España, Sr. Weissbein. Los mismos libros rusos han sido perseguidos y decomisados aquí diferentes veces. Hágame usted caso: olvide su idioma y adopte la ciudadanía de los Cuatro Caminos, que, después de la derrota alemana, es el país más lejano de donde se puede ser en Madrid». Weissbein fue liberado poco después y él y sus amigos judíos desaparecieron de Barcelona y nunca se llegó a saber si eran agentes bolcheviques rusos o de la Comisión Sionista, organizada en Inglaterra tras la Declaración Balfour que aprobaba la instalación de judíos en la Palestina integrada en el Imperio Otomano.

El crimen de la vaquería

Hasta hace unos cincuenta años, todavía existían en Barcelona lecherías y vaquerías donde no solo se vendía la leche recién ordeñada, sino que en muchos casos, el comercio tenía sus propias vacas en un corral anexo. Tal era el caso de la situada en el número 81 de la calle de Muntaner, ya desaparecida. En 1921 estaba regentada por su dueño, José Romans Palmada, que había presi-

2. http://archive.org/stream/laranaviajera30275gut/pg30275.txt

dido durante un tiempo el Gremio de Vaqueros, la patronal del sector de la leche. En la tarde del día 22 de marzo, acudió a la vaquería un joven rubio y vestido con mono de mecánico preguntando por Romans que no se hallaba en ese momento. Unas horas después volvió el mismo individuo y la empleada que le había recibido la primera vez subió al piso superior para avisar a Romans de la visita, aunque no dejó de advertirle que no le inspi-

En esta publicación colaboraban anarquistas y socialistas.

raba confianza. Romans bajó no obstante a la tienda, el joven se acercó a él y a quemarropa hizo cuatro disparos de pistola que mataron al vaquero en el acto. En el exterior de la vaquería, dos individuos más hicieron varios disparos para mantener a raya a los vecinos y finalmente los tres huyeron sin que nadie pudiera detenerles. Romans había sido repetidamente amenazado de muerte por los sindicalistas e incluso había llegado a pagar a algún miembro para su "protección" por lo que no tomaba precauciones y eso le costó la vida.

El caso de los marinos israelíes

De los muchos casos de espionaje que jalonan la historia de Barcelona, hay uno especialmente misterioso ocurrido en el número 474 de la calle de Valencia, en pleno Eixample, en un bloque de viviendas sin ninguna característica que lo haga especial. En un piso de ese bloque aparecieron asesinados el día 5 de octubre de 1985 dos marineros israelíes, el calderero Joseph Abu Yaacob, de 32 años, y el marinero Joseph Abu Zion, de 36, ambos tripulantes del mercante *Zim California*, atracado en el puerto de Barcelona y

MOSSAD

cuya desaparición había sido denunciada varios días antes. El hecho se convirtió inmediatamente en un conflicto internacional pues una llamada a un medio de comunicación reivindicó el crimen en nombre de Fuerza 17, un grupo de agentes de élite perteneciente a la Organización para la Liberación de Palestina, OLP. Los dirigentes de la OLP desmintieron inmediatamente la autoría afirmando que la OLP no actuaba nunca fuera de los territorios palestinos ni tenía por costumbre hacer llamadas reivindicativas, y el Gobierno israelí acusó a la dirección de la OLP de orquestar el crimen. La policía española identificó a uno de los presuntos asesinos, un palestino de nacionalidad jordana, fichado por la Interpol, y que estaba realquilado en la vivienda donde se cometió el crimen. El titular del alquiler, que realquiló una habitación al sospechoso, era un jordano nacionalizado español llamado Osama Ezzaher al Masri. En el piso donde se cometió el crimen se encontró un pasaporte jordano, falso, con la foto del presunto asesino y un nombre que era el mismo que había dado en el contrato de subarrendamiento. Entre desmentidos e investigaciones, empezó a trascender la hipótesis de que los dos marineros eran agentes del Mossad, los servicios secretos de Israel, que cayeron en una trampa tendida por su asesino, pero la investigación se fue diluyendo hasta desaparecer de los medios de comunicación.

Espía, policía y asesino en el Paseo de Gràcia

En el edificio que corresponde al número 93 del Paseo de Gràcia, junto al Pasaje de la Concepción, vivió hasta el 5 de septiembre de 1919 un hombre singular, de infausta memoria, pero muy importante en la historia de la ciudad. Un hombre misterioso del que para empezar no se sabe a ciencia cierta si nació en Filipinas o en las islas Marianas cuando eran colonia española. Tampoco se sabe en qué año, aunque debió ser hacia 1880, pero toda la vida anterior de Manuel Bravo Portillo, hasta 1909, es prácticamente desconocida. Inspector de policía de plantilla, con destino en la comisaría de Atarazanas, se empezó a destacar al inicio de la Primera Guerra Mundial, cuando la mayor parte de los industriales barceloneses fabricaban suminis-

Bravo Portillo tomó parte en la organización de numerosos atentados y asesinatos contra sindicalistas.

tros para los aliados y algunos jugaban a dos barajas, fabricando también material de guerra para los alemanes y austriacos. El servicio de espionaje alemán contrató casi inmediatamente los servicios de Bravo Portillo, despiadado y con un gran poder sobre los bajos fondos del puerto de Barcelona. El espionaje alemán en Barcelona, encargado de dar aviso a los submarinos de los barcos que salían del puerto con material para los aliados, y de sabotear la producción, fue organizado por un agente llamado Fritz Colmann o Fritz Stallman, conocido como Barón Köening o como Rolland, y el trabajo de sabotear le fue encargado a Bravo Portillo a cambio de una fortuna cobrada mensualmente, unas 1.700 pesetas de la época. Portillo organizó una red que suministraba información del movimiento portuario a Rolland, pero también un equipo de asesinos que realizaba atentados para eliminar a los industriales que fabricaban material de guerra para los aliados. La cobertura de Bravo Portillo, desde su puesto de comisario, era eliminar a esos industriales fingiendo ser militantes anarquistas y al mismo tiempo asesinar de vez en cuando a algún dirigente sindical, con lo que su actividad criminal pasaba por ser un enfrentamiento entre patronos y obreros.

Cuando su grupo asesinó al industrial Josep Albert Barret, el 8 de enero de 1918, todo el asunto fue destapado por el diario de la CNT *Solidaridad Obrera*. Bravo Portillo fue detenido, juzgado, encarcelado y expulsado de la policía, pero el 7 de diciembre del mismo año, ya acabada la guerra mundial, fue puesto en libertad tras la muerte en extrañas circunstancias de su principal acusador, uno de sus sicarios. Sin trabajo, Bravo Portillo consiguió no obstante volver a sus actividades criminales de la mano del industrial Miró i Trepat y en abril de 1919 formó un grupo criminal conocido como el "Sindicato Libre", a sueldo de la Federación Patronal y con la protección del capitán general de Cataluña, Milans del Bosch. Los pistoleros del Sindicato Libre asesinaron a cerca de doscientos líderes y militantes anarquistas durante los años del "pistolerismo", entre ellos a Pau Sabater, líder del Sindicato de Tintoreros, lo que acarreó, en venganza, la muerte de Bravo Portillo. El expolicía fue tiroteado y muerto el día 5 de septiembre de 1919 en la barriada de Gràcia por un comando de la CNT.

El diario *Solidaridad Obrera*, dirigido por Angel Pestaña, publicó entre otras pruebas, cartas manuscritas por Manuel Bravo Portillo donde quedaba claramente expresado su trabajo clandestino para los alemanes. Una de estas cartas[3] decía así: «Delegación de Policía. Distrito de Atarazanas. Sección Primera. Barcelona. Querido Royo: El dador es el amigo que te dije; es de mi confianza; te facilitará datos del *Mambrú* que saldrá el 20 a las 9; te ruego le recomiendes a quien sabes. Gràcias mil de tu amigo que te abraza. Bravo». El buque llamado *Mambrú* era un carguero con varias toneladas de material de guerra con destino a los aliados.

3. http://www.somnisllibertaris.com/libro/losanarquistas/capitulo1.htm.

La historia del Velódromo

En la calle Muntaner, muy cerca de la Diagonal, sobrevive el Bar Velódromo, uno de los más tradicionales y destacados del Eixample, escenario y protagonista de la convulsa historia de la Barcelona del siglo XX. Convertido en restaurante de referencia,

Después del cierre en el año 2000, el Velódromo volvió a abrir sus puertas en 2009.

sus cartas son desde septiembre de 2010 una pequeña obra de arte, una revista gráfica y literaria diseñada por Albert Planas con la colaboración del escritor Julià Guillamon. En ella han colaborado Quim Monzó o Josep M. Portabella, entre otros muchos artistas. Lugar de reunión de artistas y escritores acogió a finales de los sesenta un curioso grupo autodenominado "Círculo de Lectores de Anticipación", un selecto grupo de aficionados, como lectores y escritores, a la Ciencia Ficción. No obstante, la historia de El Velódromo va mucho más allá. Entre los acontecimientos más destacados de su historia figura el secuestro, el día 18 de septiembre de 1936, del policía Jaume Vizern Salabert, que estaba intentando esclarecer el asesinato de los hermanos Badía, ocurrido en el mes de abril del mismo año, muy cerca de allí, en la misma calle Muntaner. A última hora de la tarde, cuando Vizern cenaba en el restaurante, un hombre se acercó hasta él y le susurró que le necesitaban en Capitanía inmediatamente, que él mismo le llevaría en su coche. Creyendo que se trataba de un agente de la Generalitat, Vizern le acompañó y subió al coche donde esperaban dos individuos más. A pocos metros de allí, en la calle París, el policía fue acribillado a balazos. El hombre que le había sacado del Velódromo era Martínez Ripoll, miembro de la FAI y del grupo de Justo Bueno al que Vizern había detenido y acusado de ser el asesino de los hermanos Badía. De resultas de los disparos en el coche quedó herido otro miembro del comando, Vicente Ferrer, también del grupo de Justo Bueno.

Símbolos, nombres, ritos satánicos...

Satánicos, nazis, ácratas... espías

En un edificio relativamente nuevo, el de la calle Valencia 387, junto a la Diagonal, tiene su sede una de las asociaciones misteriosas en las que no acaba de verse claro si se trata de masones, satánicos, libertarios de nuevo cuño o conspiradores y espías. Se trata de la sociedad llamada Fraternidad Internacional: Orden Illuminati, Societas OTO, Memphis-Misraïm, calificada en algunos foros y documentos como secta satánica, en otros como organización cercana al Mossad, el servicio secreto israelí, y según sus propios documentos fundacionales, absolutamente cercana al anarquismo más puro e incluso a *La República*, de Platón en algunos de sus términos. La Orden Illuminati fue fundada en 1997 por un joven llamado Gabriel López de Rojas, judío sefardí nacido en Barcelona, a imagen y semejanza de los Iluminati norteamericanos. López de Rojas organizó después la sociedad OTO (Ordo Templi Orientis) pero al cabo de unos años se desligó de ambas organizaciones y regresó, según manifestó él mismo, a la estricta observancia judía. El caos a la hora de definir a los Illuminati creados por López de Rojas es total, pues las críticas, acusándole a él y al fundador de los Illuminati en Baviera, Adam Weishaupt de "judío" o de "anarquista", confirma lo que aducía López de Rojas: que sus críticos eran unos "neonazis". Por el contrario, en diversas publicaciones y *sites* de Internet se califica como satánica a la organización Illuminati y especialmente a Rojas.

Un referente ineludible cuando se habla de satanismo es un personaje llamado Anton Szander Lavey[4], un norteamericano nacido en Chicago en 1930 y muerto en Londres en 1997. Szander, de origen rumano, fue educado por su abuela en las diversas historias y mitos de Transilvania sobre demonios y vampiros y después de una juventud dedicado a la música y al espectáculo, se trasladó a vivir a San Francisco donde fundó la llamada "Iglesia de Satán". De sus primeros años como artista surgió la leyenda (o no) de que había sido amante de Marilyn Monroe lo cual, al menos, le abrió las puertas de Hollywood donde llegó a ser un icono de la cultura pop en los años de Keruak o Burroughs. Autor de *La Biblia Satánica* y de otros escritos, se le tiene por el fundador de los modernos cultos al demonio, teñidos de sexo (como los de la Edad Media) y que han derivado en algunos casos al secuestro y el asesinato. De su inclusión en la cultura pop da fe el hecho de que Marilyn Manson se inspirara en él para su música y su puesta en escena.

Un futbolista con mala suerte

En el cruce de las calles de París y Villarroel, un restaurante, de los muchos que hay en la Esquerra de l'Eixample, ocupa los números 132 y 134 de la calle de París. Parte de un grupo dedicado a la hostelería en toda Barcelona, nada recuerda que en ese lugar estuvo situada la cafetería y bar de copas Kocsis, regentada y dirigida por el jugador del F.C. Barcelona Sandor Kocsis, húngaro de nacimiento y que, como Ladislav Kubala, Zoltan Czibor o Ferenc Puskas, huyeron de su país natal cuando éste fue ocupado por la Unión Soviética en 1956. Kocsis fichó por el Barcelona en 1958 y se instaló en una ciudad que ya no abandona-

Kocsis era conocido como "el húngaro de la cabeza de oro".

ría hasta su prematura muerte. En algunas de sus biografías se

4. http://www.churchofsatan.com/Pages/index.html.

habla de problemas con el alcohol y de una economía precaria desde que colgó las botas en 1966. En 1979 se le detectó un cáncer y fue internado en una clínica barcelonesa para someterse a tratamiento, pero cuando calificaron su estado de incurable, Kocsis tomó una decisión drástica y personal y se arrojó desde la ventana del cuarto piso de la clínica, o del séptimo según otras versiones, falleciendo en el acto. Su muerte no obstante nunca fue aclarada para los medios de comunicación y en algunos se habló de que fue un accidente.

Caballos, caballeros y marxistas

El Paseo de Gràcia es sin duda la vía más vistosa de Barcelona donde, tras el derribo de las murallas y la aprobación del plan Cerdà, se instalaron algunos de los edificios más hermosos de la ciudad. En los números 38 y 40, donde hoy se levanta un lujoso hotel, obra de los arquitectos Carlos Ferrater y Juan Trías de Bes, estuvo ubicado un magnífico edificio, ya derribado, obra del arquitecto Salvador Soteras y del escultor austriaco Alfred Keller edificado sobre los terrenos que anteriormente habían albergado las casas Maristany y Salisachs. Se inauguró el edificio el 24 de octubre de 1926 como sede del Círculo Ecuestre, la elitista sociedad barcelonesa dedicada a los caballos y al lujo. Después de diez años de vida social y esplendor, el estallido de la Guerra Civil supuso un cambio drástico. El edificio, abandonado por sus elitistas socios, fue ocupado a los pocos días del alzamiento militar por el sindicato UGT que lo declaró confiscado, pero poco después acogió al recién creado PSUC, el partido de los comunistas catalanes que instaló allí su sede y bautizó al local como Casal Karl Marx. Durante la Guerra Civil, además de la sede del PSUC funcionó también como centro de detención, "checa" en el lenguaje de la época. Finalizada la guerra, el edificio no fue devuelto a sus antiguos propietarios, como solía ocurrir, sino

La sede del Círculo Ecuestre cuenta con un característico y espectacular ventanal que se abre a la Avenida Diagonal.

que fue ocupado por la Falange y se convirtió posteriormente en sede de la Dirección Provincial del Movimiento, el conglomerado que agrupaba a todos los alzados contra la República y que funcionó hasta la finalización del franquismo. Reclamado en vano por los socios del Círculo Ecuestre, incluso ante el general Franco, éstos optaron por construir una nueva sede y en 1950 el edificio fue adquirido, y derribado, por el Banco Hispano Americano. Fue durante el derribo cuando tuvo lugar un suceso que causó heridas graves a dos obreros de la construcción. El día 7 de noviembre, a las diez de la mañana, el error en la retirada de uno de los pilares del edificio por parte del aparejador de la empresa de derribos provocó el derrumbe de las dos plantas de sótano atrapando a los obreros que trabajaban en su interior. Durante la cobertura de la información mientras trabajaban los servicios de rescate, los periodistas fueron insultados y agredidos por el aparejador y terminaron todos en la comisaría.

Sant Martí de Provençals y Poble Nou

La Torre del Fang

El nombre del antiguo pueblo de Sant Martí de Provençals viene del hecho de la ermita dedicada a Sant Martí de Tours y la leyenda quiere que el término Provençals tenga su origen en un hecho acaecido en el reinado de Ramon Berenguer III. Según la leyenda, el Conde de Barcelona, de Provenza y de la Cerdaña, se casó con una bella dama provenzal, la princesa Dolça en el año de 1112 y al viajar a Barcelona para sus nupcias, la doncella se trajo con ella a un grupo de caballeros y juglares provenzales para no sentirse tan sola y desplazada en una tierra extraña. De ahí que el lugar tomara el nombre de Provençals. En el cruce de la calle del Clot con la calle Mallorca, sobrevive, aunque muy reformado, el edificio conocido como la Torre del Fang, la residencia que para ella levantó el conde, como un retiro cuando se sintiera agobiada del palacio en Barcelona. La doncella se aficionó tanto a retirarse a su refugio de Sant Martí de Provençals que Ramon Berenguer acabó por sospechar y decidió espiar a su esposa. La labor de espionaje demostró que, al menos, la condesa pasaba las noches tras su reja, oyendo las canciones y los versos amorosos de uno de los juglares provenzales que se había traído. Si todo se reducía a la poesía o no, es algo que no trascendió pero a juzgar por la reacción del conde cabe pensar que había sospechas de algo más. Enfurecido, Ramon Berenguer hizo detener sigilosamente al juglar, le mandó matar y arrancarle el corazón y llevarlo a sus cocineros para que lo guisaran de la manera más delicada. Hecho esto se lo dio a comer a Dolça, su esposa, a quien le pareció un plato magnífico y luego le confesó el conde lo que se había comido. Transida de dolor, la dulce Dolça juró que no pasaría por su boca ningún otro alimento para no denigrar el corazón de su amado. Y naturalmente murió de inanición al cabo de un tiempo. Según la historia, Dolça de Provenza murió en 1127 y entre unas cosas y otras tuvo cinco hijos.

El enfermo de fiebres

En algún lugar del antiguo pueblo de Sant Martí de Porvençals, cerca de la playa cuando el mar llegaba mucho más adentro, vivían un hombre, pescador de profesión, que enfermó de las llamadas fiebres tercianas, un estado febril intermitente causado por un parásito, el *Plasmodium vivax*. En aquellos oscuros tiempos del siglo XVIII ni se conocía el origen ni el modo de curar la enfermedad y no había forma de que el hombre recuperara la salud. Finalmente, su esposa decidió recurrir a las artes de una bruja conocida en el pueblo la que le explicó que podría curarle con una caña que se criaba solo en La Habana. Naturalmente, la

Las pociones de las brujas podían curar enfermedades incurables.

buena esposa dijo que era del todo imposible para ellos viajar a La Habana, pero la bruja la emplazó a las doce de la noche junto al cementerio, que en aquellos años estaba al lado a la iglesia de Sant Martí, en el actual parque del mismo nombre. Llegada la hora, la bruja llegó al cementerio con su ayudante y una barca. Las tres mujeres, es decir la esposa del enfermo, la bruja y su ayudante se metieron en la barca y la bruja pronunció el conjuro: "¡Vara per tres!". La barca no se movió, pero la bruja, sin inmutarse dijo: "Alguna de nosotras está embarazada", y cambió el conjuro: "¡Vara per quatre!", tampoco pasó nada y la bruja volvió a anunciar: "Dos de nosotras estamos preñadas" y repitió "¡Vara per cinc!". Al momento, la barca emprendió el vuelo y en unos minutos estaban en los campos alrededor de La Habana. La bruja recogió la caña que había ido a buscar y con el mismo conjuro volvieron en un santiamén al cementerio de Sant Martí. Inmediatamente, la bruja quemó la caña, hizo con las cenizas una pócima y se la dio a beber al enfermo. Al día siguiente, estaba curado y dicen que, desde entonces, el incrédulo pescador creyó en las brujas. Su mujer y la ayudante de la bruja dieron a luz al cabo de unos meses.

El gorro entre las piernas

Sant Martí de Provençals ha sido siempre uno de los pueblos con fama de brujería junto a otros como Vallgorgina, Amer o Viladrau. *En La bruixa catalana* de Cels Gomis, se cita el caso de otro marinero, un contramaestre, que después de muchas semanas fuera de casa, su mujer recurrió a las artes de una bruja para saber si le había pasado algo o si iba a

Las desapariciones eran motivo de consulta a las brujas.

regresar a casa. La bruja la citó a las doce (la hora de las brujas) en su casa y la hizo entrar en una habitación en la que había un gran barreño lleno de agua. Lo primero, como suele ser en toda ceremonia de brujería, fue hacer que la mujer se desnudara y después la hizo colocar con una pierna a cada lado del barreño. La bruja se encerró entonces en una habitación contigua donde debió hacer sus encantamientos y al cabo de un rato le dijo a la mujer que mirara dentro del barreño. ¿Qué ves?, le preguntó y la mujer le indicó que veía cómo el agua del barreño se agitaba como si una tormenta la estuviera castigando. Poco a poco, tal y como la bruja le preguntaba fue viendo un barco que se acercaba y en la cubierta distinguió finalmente a su marido. El barreño estaba cada vez más agitado, igual que el mar en el que navegaba su marido y la postura de la mujer, con las piernas abiertas sobre el gran recipiente le era cada vez más difícil. Finalmente, cuando distinguió perfectamente a su marido, tocado con un gorro, la bruja le ordenó que se lo quitara cuando el barco pasara entre sus piernas. El marido, en el mar y en el barreño, miraba hacia arriba, escrutando el cielo negro y tenebroso, y la mujer, obedeciendo a la bruja, alargó la mano y le quitó el gorro. Al momento se calmó la tempestad, la mujer pudo dejar su incómoda postura y guardó el gorro, que retenía en sus manos, como un tesoro. A los pocos días, milagrosamente salvado de la tormenta, su marido volvió a casa y le contó que una ráfaga de viento le había quitado el gorro en medio de un cielo negro y tormentoso y un mar embravecido. Cuando la mujer le mostró el gorro, todavía mojado, el hombre no se lo podía creer, pero el caso es que estaba a salvo.

Crimen y castigo

Entre las antiguas carreteras de Mataró y de Sant Andreu existió hasta entrado el siglo XX la fábrica de estampados de Mateo Torelló y a su alrededor había crecido un conglomerado de pequeñas casas de obreros. En una de esas casas, ya desaparecida, tuvo lugar el día 31 de julio de 1890 un suceso que conmovió a toda Barcelona. Un joven llamado Isidre Mompart i Prats, vecino del barrio, asesinó a dos niñas, de cinco y de diez años. El móvil no había sido otro que el robo, pero al verse sorprendido por las niñas y ante el temor de ser reconocido, las degolló sin piedad. Mompart fue condenado a muerte por garrote vil y la sentencia fue ejecutada el día 16 de enero e 1892 en la tristemente célebre prisión Amalia. Fue una de las últimas ejecuciones públicas realizadas en Barcelona y la crónica del acto, reflejada en la prensa de la época, cuenta cómo la campana de la iglesia del Pi anunció a las siete de la mañana que salía del templo la procesión que acompañaría al reo en su último viaje. Con puntualidad, a los ocho salió el reo de la capilla de la prisión acompañado de los sacerdotes del Pi que le ayudaron a subir al escenario preparado con el cadalso. La sentencia se ejecutó, como era costumbre, ante el numeroso público que solía acudir al espectáculo y la crónica periodística afirma que: «A pesar de la mucha gente que se reunió en los alrededores del sitio de la ejecución, no se alteró en lo más mínimo el órden. Cumpliendo las órdenes dictadas para estos casos, los agentes de la autoridad no permitieron allí puestos de bebidas ni otros análogos».

El garrote vil provocaba la muerte por asfixia del condenado.

El calderero muerto

Una de las calles del Poble Nou que circula paralela al mar, desde el parque de la Ciutadella hasta la Rambla del Poble Nou, llevó hasta 1992 el nombre de Wad–Ras, una significativa batalla en el valle de ese nombre en Marruecos, donde las fuerzas españolas, mandadas por los generales Prim, Echagüe y Ros de Olano, derrotaron a los marroquíes dando por terminada la dolorosa campaña de 1859 y 1860. A partir de 1992, el Ayuntamiento de Barcelona decidió retirar el nombre del hecho de armas para darle el honor de una calle al ilustre doctor Josep Trueta, eminente cirujano y ortopeda cuya eficacia e imaginación salvaron la vida de miles de soldados españoles en la Guerra Civil y británicos durante la Segunda Guerra Mundial. En el numero 113 de esa calle hoy dedicada a Trueta, se alza un edificio de novísima planta construido en el solar de una antigua calderería, propiedad de los socios Juncosa y Baixeras, derribada hace años. En ese calderería tuvo lugar el 21 de abril de 1935 un crimen que a día de hoy todavía no ha podido ser esclarecido, aunque claro está, hace mucho tiempo que dejó de investigarse. Ese día, un domingo, aparecieron en el interior de su pequeña vivienda, en el interior de la calderería, los cadáveres de su encargado Juan Albert Montserrat y de su esposa, Rosario Román Sancho. El matrimonio había sido asesinado a golpes con un objeto contundente que les fracturó el cráneo, un martillo o una barra de hierro según el examen forense. El cadáver del hombre estaba en el patio del taller y se supuso que su agresor estaba escondido tras alguna de las calderas. Al agredirle, sus gritos y el ruido alarmaron a la esposa y el asesino no dudó en matarla también aunque probablemente ella no era su objetivo. La policía, tras más de medio centenar de interrogatorios, detuvo a un joven, Juan Alberto, empleado de una carnicería cercana pero le liberó a los pocos días cuando comprobó su coartada. Delincuentes habituales, uno apodado "el Tartamudo", otro "el Chato", también fueron señalados y descartados, y un tercero conocido como "El Loco", Jaime de Sanjaime, que había buscado trabajo en la calderería sin conseguirlo, se suicidó lanzándose al tren cinco días después de la muerte del matrimonio, aunque la policía nunca tuvo la seguridad de que fuera el autor de los hechos. Otro sospechoso, todavía trabajador de la calderería, fue investigado, pero la policía le descartó tras interrogarle y recibir los informes favorables de los dueños de la empresa. Y por fin, el estallido de la Guerra Civil, al año siguiente, hizo caer en el olvido la muerte de Juan Albert y Rosario.

Ilustrísimos cadáveres

El cementerio del Pueblo Nuevo, situado entre las calles Taulat y de Carmen Amaya, fue el primer gran cementerio de Barcelona, construido en 1775 auspiciado por el obispo Climent, con la idea de ir eliminando los pequeños cementerios de las iglesias del interior de las murallas. No fue fácil convencer a las familias de que dejaran de enterrar a sus deudos junto a las iglesias por lo

Entrada del cementerio del Poble Nou, o cementerio del Este.

que el gran cementerio languideció durante muchos años hasta que en 1813 los ocupantes franceses de la ciudad, a las órdenes de Napoleón prácticamente lo derribaron aunque el terreno no se utilizó para nada. Unos años después, en 1819, se encargó su rehabilitación y puesta en uso al arquitecto italiano Antonio Ginesi y en 1821 la gran epidemia de cólera desatada en Barcelona hizo que, de modo inesperado, se llenara el cementerio. Son muchos los ilustres barceloneses enterrados en él, pero una tumba discreta, como queriendo permanecer en el anonimato, recoge los restos mortales de una mujer singular, Carmen Tórtola Valencia. Bailarina y coreógrafa de fama mundial, su vida y su personalidad se ha comparado algunas veces con la de Mata Hari, la célebre bailarina y espía al servicio de Alemania durante la Primera Guerra Mundial, aunque con la variante de que Carmen Tórtola fue realmente de una calidad muy superior como artista. Su muerte, el 13 de febrero de 1955, pasó casi desapercibida pero quedó en su recuerdo su vida absolutamente libre y la sospecha de que tuvo una actividad clandestina como espía a favor de los aliados en las dos guerras mundiales.

En el mismo año que se construyó el cementerio se iniciaron también las obras de un edificio situado muy cerca del antiguo Camino de Valencia, en dirección al mar y que en el siglo XIX fue la fábrica de tintes y aprestos de Joaquim Porxas, una de las muchas que se instalaron en el Poble Nou de Sant Martí a lo largo del siglo. La fábrica se instaló en ese paraje conocido como "La Cuarentena" porque aquel primer edificio era un hospital o lazareto conocido como la Casa de la Cuarentena, en el que se internaba a los viajeros que resultaban sospechosos de traer alguna enfermedad antes de permitirles la entrada en la ciudad.

La muerte del obispo

En julio de 1936, tras el alzamiento de los militares fascistas, se instaló en el numero 166 de la calle Pere IV la llamada Patrulla de Control n° 11, uno de los grupos organizados por el Servicio de Investigación de la CNT para localizar, detener y en su caso asesinar a los afectos al alzamiento. El día 1 de diciembre de 1936 esta patrulla numero 11 entró en la casa del joyero Antoni Tort

en el número 17 de la calle Sant Ramón del Call, o calle del Call como se la conoce popularmente, donde se hallaba refugiado el obispo de Barcelona, Manuel Irurita, que se había refugiado allí huyendo de la represión contra el clero y los aliados del alzamiento fascista.

El obispo Manuel Irurita reparte la comunión entre un grupo de niños.

Al tiempo que se llevaban detenido a Irurita, los milicianos se llevaron también a la familia Tort y a dos monjas que también se encontraban en la casa. La historia generalmente aceptada, cuenta que apenas cuarenta y ocho horas después de la detención, el obispo Irurita, los hermanos Tort y el sacerdote Marcos Goñi fueron fusilados en el cementerio de Cerdanyola, pero Hilari Raquel, monje e historiador, y otros profesionales mantuvieron siempre que Manuel Irurita no murió ese día, sino que fue salvado "in extremis" por intereses de los mandos de la CNT y se le vio vivo días después. De hecho en documentos posteriores de los Servicios de Inteligencia de los rebeldes se aseguraba que Irurita seguía vivo y el libro *Diario de un pistolero anarquista*, de Miquel Mir, asegura que Irurita no murió ese día, aunque no se ha podido averiguar si hay algo de cierto y cuándo o cómo murió realmente.

El Comité de Investigación de la CNT, verdadero servicio de contraespionaje anarquista, estaba organizado y dirigido por un hombre singular, Manuel Escorza del Val, del que el compañero de CNT García Oliver llegó a decir que "es un tullido lamentable de alma y cuerpo" pues andaba con muletas como resultado de una poliomielitis infantil y su frialdad y crueldad eran muy superiores a sus defectos físicos. Dolores Ibárruri, dirigente del PCE, dijo de él: «Físicamente es una ruina: jorobado y paralítico, sólo vivía en él la llama del odio a los hombres normales. Él hubiera querido que a su imagen y semejanza toda la humanidad fuese paralítica y jorobada». Fue seguramente Escorza quien salvó de la muerte a Irurita para canjearlo por información o por la posibilidad de salir vivo él si perdían la guerra los republicanos, si es que Irurita no murió en Cerdanyola, algo que no está nada claro. De todos modos, Escorza consiguió huir tras la guerra y recaló en Chile donde murió en 1968 después de una carrera periodística en Valparaíso como crítico literario y de cine.

Fantasmas en Pueblo Nuevo

En un terreno, obviamente hoy urbanizado, entre las calles Pere IV, Provençals y Marroc, existió una pequeña iglesia y su correspondiente cementerio, todo ello destruido hasta sus cimientos en 1909, durante los acontecimientos de la Semana Trágica. Casi

No es posible hablar de los primeros años del siglo XX en Barcelona sin tener en cuenta el fenómeno del barraquismo.

veinte años después, en los terrenos, propiedad de la Fundación Sebastià Puig i Puig, se procedió a la reconstrucción del conjunto, inaugurando una nueva iglesia con el nombre de Sagrado Corazón de Jesús. Era el año 1926 y ya no se procedió a reconstruir el cementerio por lo que fue dejado como un solar vacío junto a la iglesia. Sant Martí de Provençals era ya un barrio obrero, combativo, con una gran influencia de los sindicatos y enfrentado a la Iglesia, así que, en 1936, tras el levantamiento militar, la iglesia fue de nuevo asaltada e incendiada quedando prácticamente destruida. En 1940 se acordó de nuevo reconstruirla y pudo ser inaugurada otra vez en 1943. No obstante, el solar adyacente, donde estuvo el cementerio, nunca fue edificado y fue arrendado por la compañía de Transportes de Barcelona, utilizado como depósito de diverso material. Pero en el vecindario, todo el mundo sabe que es mejor no entrar en él por las noches, porque los espíritus habitan el antiguo cementerio. Sin descanso por tanta destrucción, los espectros de los enterrados en ese lugar vagan algunas noches entre los escombros y los vehículos depositados, se oyen sus susurros y algunas veces los lamentos de los que no encuentran el descanso eterno. Un buen conocedor del barrio[1], cuenta en su blog algunos de los testimonios alrededor del lugar: «Cuenta un vigilante nocturno que, en una tranquila noche de verano, se oyeron los llantos de un bebé que helaban la sangre, y que cada vez fueron más y más fuertes, hasta que tuvo que marchar del miedo. Cuenta otro empleado, que mientras hacía la ronda nocturna por la noche entre autobuses, en la planta superior de la cubierta, una oficina con fachada acristalada, apareció un rostro humano blanco y brillante sin ojos. Al día siguiente dejó el trabajo. Y cuenta una empleada que ya sabía acerca de la existencia de esos espíritus traviesos, que cuando fue a trabajar en esa cochera, hizo un pacto con los fantasmas prometiéndoles que ella no se metería con ellos y los respetaría a cambio de que estos la dejaran en paz y no la asustaran mediante ruidos y apariciones. El caso es que funcionó, ya que nunca espíritu alguno la intimidó».

1. Ricardo Fernández Valentí. http://eltranvia48.blogspot.com.es

Sants-Hostafrancs

El molino de Piganya

En algún de la llamada hoy calle de Sants, entre la Riera Blanca y la Riera Escuder, había un molino, mucho antes de que Barcelona perdiera sus murallas. Ese molino era conocido como el de Piganya, tal era el nombre del dueño, y estaba situado en el lado izquierdo de la carretera que partía de Barcelona. Cuenta Joan Amades que el viejo molinero, Piganya, falleció, como era de esperar, dejando el molino y sus negocios a su hijo. Al poco tiempo, el joven heredero empezó a oír por las noches extraños ruidos en la casa hasta que, una vez que se atrevió a ver qué pasaba, se encontró con que la rueda del molino se ponía en marcha ella sola en plena noche. Aquella primera vez volvió a la cama sin encontrar explicación alguna y al momento oyó pasos en la escalera que subía a su habitación y ruidos dentro de ella como si alguien hubiera entrado. El joven encendía el quinqué pero al hacerse la luz todo volvía al silencio y la presencia desaparecía, mientras al apagar la luz, volvían a repetirse los ruidos. Espantado, el joven acudió a la parroquia para pedir consejo y el cura le explicó que aquello era, sin duda, algo que impedía que su padre muerto descansara en paz, por lo que debía armarse de valor y preguntarle qué le pasaba. Así lo hizo el joven a la primera noche en que se repitieron los ruidos y he aquí que su padre respondió con voz de ultratumba y le explicó que días antes de morir había estafado algunas fanegas de harina a uno de sus clientes y que debía buscarle y restituirle lo que era suyo. Así lo hizo el joven y ese mismo día cesaron los ruidos y las presencias.

La viuda negra

La calle Riera Blanca es el límite administrativo entre la ciudad de Barcelona y la de Hospitalet, algo intangible para los transeúntes pues no hay ninguna diferencia entre una acera y otra. En esa calle, en un número que es bueno permanezca en el anonimato, vivía Margarita Sánchez Gutiérrez, conocida en el barrio como "la bizca", por su ojo estrábico y que pasó a la historia y a la leyenda de Barcelona como "la viuda negra". Personaje conflictivo y de trato difícil, se vio envuelta en la muerte por envenenamiento de cuatro personas y el frustrado de otras tres que consiguieron salvar la vida. Considerada como una despiadada asesina en serie fue, no obstante absuelta de los delitos de asesinato al no demostrarse que había actuado con intención de matar y ser condenada por los delitos de lesiones, falsedad y robo a 34 años de cárcel. Su primera víctima fue una supuesta "amiga", Rosalía Marco Castro, de 70 años, ingresada y muerta por envenenamiento. La segunda fue su propio marido, Luis Navarro Nuez, fallecido por intoxicación a la tercera vez que fue ingresado con el mismo diagnóstico. Le siguió su cuñado, José A.C., también muerto por intoxicación y su vecino, Manuel D. Todas sus víctimas mostraban sus cuentas corrientes desvalijadas y la pérdida de documentos importantes por lo que la policía empezó a

Margarita, «la viuda negra de Barcelona»

sospechar de Margarita y el 20 de junio de 1996 fue detenida junto a su hija Sonia, de 16 años, acusada de los mismo delitos.

La leyenda del rey Arturo

En el número 203 de la calle de Santa Eulàlia, ya dentro del término municipal de l'Hospitalet de Llobregat, se encuentra la pequeña ermita de Santa Eulàlia de Provençana, un iglesia del siglo XI que fue construida probablemente en los terrenos de una villa romana. De modo sorprendente, las leyendas del lugar cuentan que en esa iglesia se dio el caso que fue a parar el rey Arturo de Bretaña, el mítico rey britano (o general romano) que dirigió la lucha contra los invasores sajones en Gran Bretaña al principio del siglo VI. La leyenda afirma que el rey Arturo, gran cazador, acabó con todas las piezas que podía cazar en Gran Bretaña y vino a las costas barcelonesas para seguir con su afición. Mientras oía misa en la ermita de Santa Eulàlia alguien le anunció que había piezas de caza en los alrededores y el rey salió sin terminar de oír la misa por lo que fue objeto de un castigo por su obsesion y que consiste en que mientras el mundo es mundo él seguiría siempre cazando sin descanso. Nadie le ha visto desde entonces, pero la leyenda asegura que Arturo sigue a caballo, cazando por diversos lugares de Europa. Otra variante de la leyenda no define tanto al personaje y dice que el hombre que sufre el castigo es solo un señor de la zona, cazador empedernido.

Hostal y prisión

En el cruce de la carretera de Sants con la calle Carreras Candi, en el lado mar, existió hasta una época reciente una de aquellas fondas que crecían en las entradas de las grandes ciudades y desde luego en Barcelona. Se llamó el Hostal del Rey y en algunos momentos de su historia había sido utilizado como cárcel. Cuando se derribó el viejo edificio para construir un bloque de pisos, se descubrieron calabozos en los cimientos y eso dio pie a que los vecinos más viejos del barrio recordaran que, algunas noches, especialmente las de luna llena, se oían extraños quejidos y lamentos en el viejo edificio. Al descubrir los calabozos se hizo evidente que aquellas quejas habían sido de los almas de los presos que murieron en aquellos sótanos. No hay documentación sobre qué sucedió en aquel lugar, pero la memoria popular lo recuerda.

Un bar nada pacífico[1]

En la esquina de calle de Sants, donde se cruza con la calle Galileo, existe hoy en día una sucursal bancaria, pero en los primeros años del siglo XX abría allí sus puertas un bar, el Bar Eléctrico, bautizado así cuando en 1906 la electricidad llegó al barrio. Ese bar se convirtió pronto en el punto de reunión de los anarquistas en general y de los miembros de la CNT y la FAI en particular y fue escenario de múltiples enfrentamientos y tiroteos. Según recoge *La Vanguardia* del día 2 de junio de 1921, el día anterior, día 1, tuvo lugar uno de esos intercambios de disparos que acabaron con la vida de un hombre y dejaron heridos a otros cinco. Sobre las ocho de la noche, un grupo de individuos se acercaron a la terraza del bar, un lugar peligroso en aquella época y dispararon a bocajarro sobre los parroquianos. El caos fue terrible porque, además del bar lleno de clientes, había una parada de tranvía y un cine justo al lado con lo que el gentío era muy notable. La persona fallecida fue una mujer que transitaba en aquel momento por la calle, sin relación con el grupo al que iban dirigidos los

La plaza de Sants, antes plaza de Salvador Anglada.

1. *Diario de un pistolero anarquista*. Miquel Mir. Ed. Destino.

disparos, miembros todos de la CNT. También en ese bar ese bar se gestó uno de los crímenes de la barriada de Sants en la nefasta época del pistolerismo. Una noche de verano de 1919, Josep Serra, militante anarquista y afiliado a la CNT, nacido en Vilafranca de Penedés en 1893, se reunió con varios compañeros más y después de tomar unos vinos salieron en dirección a la fábrica del Vapor Vell. El recinto, situado en la carretera de Sants, ya no era la fábrica textil de los Güell, trasladada a Santa Coloma de Cervelló, sino que ahora diversas empresas tenían su sede en las mismas instalaciones. A las cinco de la mañana, él y sus compañeros, uno de ellos con el apellido Cairó, tirotearon y mataron al encargado de una de las empresas situadas en el edificio al que acusaban de confidente de la patronal y de la policía. Unos días antes, el concejal conservador y carlista, Salvador Anglada, había hecho detener a uno de los clientes del Eléctrico al reconocerle como uno de los que habían disparado contra él en la Plaza de España y se supuso que ambos hechos tenían alguna relación.

La reseña del crimen y de la persona de Josep Serra se encuentra en el libro mencionado *Diario de un pistolero anarquista* de Miquel Mir y es apoyada por diversas fuentes, la mayor parte de ellas afectas al régimen franquista. Por otro lado, Agustín Guillamón, desde las páginas del *Ateneu Eciclopèdic Popular,* pone en duda la existencia real de Josep Serra y afirma que no existe tal nombre en los archivos de la CNT–FAI consultados. Guillamón, en *www.red–libertaria.net* afirma que en conversación con Mir, el autor, éste le confesó que Josep Serra no existe y que había utilizado ese nombre por respeto a la familia del verdadero protagonista de las memorias.

Sant Andreu

Fielatos y atracadores

Cerca de la Plaza del Comerç, junto a lo que hoy es el Paseo de
Torras i Bages y que daba entrada a Sant Andreu del Arenal,
existió un fielato, una de esas aduanas locales vigentes hasta los
años sesenta del siglo pasado. Allí tuvo lugar un día de marzo
de 1934 un extraño suceso. Una noche, un grupo de cuatro personas, dos hombres y dos mujeres, tomaron un taxi en Badalo-
na que les condujo hasta las proximidades del fielato mencionado. Una vez allí, un lugar descampado y poco transitado,
encañonaron al taxista, le ataron y amordazaron y se marcha-
ron con el vehículo. Con gran esfuerzo el taxista pudo soltarse
las ligaduras de los pies y pedir auxilio a un vecino que pasaba
por allí y que resultó ser miembro del somatén. Los dos hombres entraron en el fielato para llamar a la policía utilizando el
teléfono de esa dependencia, pero los funcionarios, sin que se
pudieran saber las causas, se negaron a dejarles llamar. Ante la
negativa tuvieron que andar hasta encontrar otro teléfono dando tiempo a los pistoleros a que huyeran y llegaran hasta Saba-
dell en el vehículo robado. Finalmente, el grupo fue detenido

Los fielatos tenían la misión de recaudar impuestos sobre las mercaderías que entraban en Barcelona.

en un piso de Barcelona, en la calle Aragón, donde guardaban el producto de robos y atracos diversos.

Otro de estos fielatos, de los que queda recuerdo, estaba en la calle Constitució, justo en la esquina de Riera Blanca donde está establecido el límite entre el municipio de Barcelona y el de Hospitalet. La caseta estuvo instalada hasta 1962, lugar donde funcionaba el fielato, es decir, la aduana interior donde se pagaban los impuestos de entrada de mercancías a la ciudad, una práctica de recaudación que se había mantenido desde la Alta Edad Media cuando a las puertas de las ciudades se cobraban directamente los impuestos a los mercaderes. El encargado de la recaudación era un funcionario municipal que solía vivir en el mismo local y acababa siendo un vecino más, pero en la época posterior a la Guerra Civil, los duros años de la postguerra, el fielato se convirtió en uno de los puntos de tráfico del comercio que se dio en llamar "el estraperlo" y no era sino un mercado negro de productos alimenticios y de primera necesidad que en aquella época estaba racionados y era muy escasos.

El tifus de 1914

En algún lugar ya desaparecido de la calle Ramon Batlle, existió hasta bien entrado el siglo XX una fuente pública que proporcionaba agua, supuestamente potable, a la población de las calles adyacentes, cuando el agua corriente en las casas era todavía un lujo. La calle llevaba entonces el nombre de Aristóteles que había sustituido en 1900 al anterior de San Pablo. En esa fuente, según todos los indicios, se inició la epidemia de tifus que asoló Barcelona desde finales de 1914 hasta mediados de 1915 con un balance de 2.036 muertos y más de 30.000 afectados. Barcelona había sufrido otras epidemias semejantes, tanto de tifus como de cólera, relacionadas ambas con la insalubridad de las aguas, pero las autoridades políticas y sanitarias no daban importancia a algo que consideraban natural, hasta aquel año en el que la sensibilidad ciudadana no quiso tolerar tanta desi-

Con la llegada del agua corriente, fue desapareciendo la imagen de las mujeres que iban a buscar agua o bien lavaban la ropa en la fuente.

dia. Las diversas compañías que suministraban agua a la ciudad, tanto privadas como públicas, no hacían análisis de sus aguas, las conducciones no reunían la estanqueidad necesaria como tampoco el sistema de cloacas, con lo que la contaminación era algo frecuente y obvio. El principal culpable de la situación lo señalaron los periódicos en la persona de Ramón Turró, responsable del Laboratorio Municipal, quien debía ejecutar las órdenes de análisis de las aguas para el consumo, pero también señalaron a la inoperancia del alcalde Guillem Boladeres y del Gobernador Civil, Rafael Andrade quien debió hacer cumplir la ley. Los defensores de Turró adujeron que, aunque negó la existencia de la epidemia, tomó las medidas oportunas y ordenó cerrar los suministros de aguas contaminadas.

Gràcia

El *poltergeist* de Gràcia

El número 47 de la calle Francisco Giner, en la antigua villa de Gràcia, tiene una historia misteriosa que se remonta apenas al año 1935. En la noche del domingo 10 de febrero, el inquilino de los bajos del edificio, Enrique Montroig Mendoza, salió de su casa, como siempre, para acudir a su trabajo de vigilante nocturno en la empresa Elizalde. En la casa, ya acostados, quedaban su suegra, su mujer y sus dos hijos. Una hora después de salir Enrique de la casa, sobre las once de la noche, se empezaron a oír unos golpes en las paredes que despertaron a la familia. El hijo mayor, temeroso, se levantó de la cama esperando encontrar a unos ladrones, pero al entrar en el comedor de la vivien-

En un edificio del barrio de Gràcia tuvieron lugar una serie de fenómenos inexplicables.

da pudo ver, horrorizado, como un cajón de la cómoda salía disparado, como un cohete, estrellándose contra la pared de enfrente. Los ruidos, cada vez más escandalosos, se extendieron a todo el edificio despertando a los vecinos. Acudieron el vigilante del barrio y el sereno, que inspeccionaron todo el inmueble mientras los ruidos se hacían más esporádicos y más sordos, pero no encontraron nada. Cuando el vigilante y el sereno abandonaron el edificio, los ruidos volvieron a hacerse fuertes e insoportables, de tal modo que nadie pudo dormir aquella noche. A la mañana siguiente denunciaron el hecho a la Guardia Urbana que dio parte a la policía y dos agentes de la Guardia de Asalto acudieron el mismo día a la casa realizando un registro sistemático sin encontrar nada que justificara los ruidos. Al día siguiente, 12 de febrero, volvieron a aparecer los ruidos, si cabe más fuertes que los del primer día, aterrorizando a los vecinos del inmueble que lo abandonaron precipitadamente. Esa vez se produjeron varios fenómenos inexplicables en la vivienda de los bajos, como sillas que caían y se levantaban solas, relojes que se paraban y ponían en marcha sin que nadie los tocara, y objetos que cambiaban solos de lugar ante los ojos asombrados de la familia Montroig. Alrededor del fenómeno empezaron a producirse todo tipo de especulaciones y unos niños del edificio afirmaron que habían visto sombras luminosas por los pasillos. El informe policial se perdió a causa de la Guerra Civil, pero en el vecindario se sigue viendo con prevención el edificio, todavía en pie.

El caso, calificado como de *poltergeist*, ha sido estudiado no hace muchos años por el periodista zaragozano especializado en temas paranormales Ángel Briongos Martínez. Briongos se entrevistó con personas que, en su niñez, habían sido testigos o habían recibido confidencias de primera mano de los testigos y que afirmaron que, las autoridades recomendaron el silencio y el olvido. Los Montroig abandonaron la casa finalmente y su pista se pierde en Brasil, lejos de la casa embrujada.

El huerto de la calle Legalitat

Un pequeño espacio en la esquina de la calle Legalitat en su cruce con la de Escorial, fue no hace muchos años un huerto, espacio sin urbanizar de la vil·la de Gràcia. En ese huerto, a mediados de enero de 1949 fue hallado el cadáver de una mujer, Carmen Broto, de 25 años de edad y prostituta de profesión. Su cadáver presentaba huellas de la violenta resistencia que había mostrado a sus agresores, presuntos amigos, Jesús Navarro Manau, el padre de este Navarro Gurrea y Jaime Viñas, y aparecía desvalijado de las joyas que ella siempre lucía. La joven había sido engañada con una noche de juerga y atacada en el coche de Jesús Navarro a la altura del Hospital Clínico en la calle Casanovas, un lugar lo bastante desierto en aquellos años. Después de la pelea en la que Carmen resultó muerta, trasladaron y enterraron el cadáver en el huerto de la calle Legalitat con tanta torpeza que sus huellas y el coche abandonado cubierto de sangre llevaron rápidamente a su detención por parte de la policía. El cruel asesinato entró en el terreno de la leyenda cuando Jaime Viñas y Navarro Guerrea, el padre, se suicidaron con cianuro antes de ser detenidos. El joven Navarro Manau, después de ser condenado a muerte vio conmutada su pena por la de 30 años de cárcel y salió excarcelado a finales de los setenta. El hecho de que se la matara de aquella forma por unas cuantas joyas, el suicidio de dos de los protagonistas y la no menos misteriosa supervivencia de Jesús, hicieron y hacen correr infinidad de rumores sobre la personalidad de Broto, sus contactos y los hechos que llevaron a su muerte. La tesis generalmente aceptada

La muerte de Carmen Broto aún permanece llena de interrogantes.

es que estaba chantajeando a alguno de sus clientes, muy poderoso, que no podía permitir que salieran a la luz sus turbios negocios o vicios, aunque no han faltado las teorías sobre su supuesta implicación en actividades de espionaje, bien a favor de la Alemania nazi, bien a favor de los maquis de la época. Sea como fuere, su fantasma ronda todavía por la estrecha calle del barrio de Gràcia sin que haya obtenido descanso.

El crimen de Can Compte

El cruce de la calle Legalitat con Alegre de Dalt es hoy en día un núcleo urbano más de la ciudad, en el barrio de Gràcia, pero a mediados de los años treinta, concretamente en 1938 era poco más que un descampado, con algunas viviendas construidas algo más lejos, a unos cincuenta metros y una masía, Can Compte, ya desaparecida. En ese lugar, la noche del 10 de febrero de ese año, tuvo lugar un crimen todavía sin resolver aunque las sospechas sobre sus autores son bien conocidas. Sobre las diez de la noche, un joven polaco de 20 años llamado León Narwicz, integrado en las Brigadas Internacionales con el grado de capitán, saludó a los dos hombres con los que había concertado una cita y sin mediar palabra, uno de ellos le disparó un tiro en la cabeza que le mató en el acto. El otro hombre, disparó dos tiros más a la cabeza de Narwicz, ya en el suelo, para asegurarse y ambos asesinos desaparecieron del lugar. Cuando el sereno del barrio encontró el cadáver dio cuenta a la policía que encontró entre los objetos personales del fallecido la dirección de Grandizo Munis, destacado dirigente comunista enfrentado a los estalinistas del PSUC y a los trotskistas del POUM. Munis y otros disidentes fueron detenidos

Las Brigadas Internacionales estaban formadas por soldados extranjeros que querían contribuir a la defensa de la República.

y torturados en la "checa" de la Plaza de Ramón Berenguer, pero con la entrada de los franquistas en Barcelona escaparon de su encierro. Tanto en el proceso que se le incoó entonces a Munis, como durante su exilio en México se le acusó de ser un agente al servicio de la Alemania nazi.

El árbol desaparecido

La Plaza del Sol es una de las muchas y bonitas que adornan la antigua villa de Gràcia y ha sido escenario de su historia, para bien y para mal. Lugar de ocio, descanso y diversión en la actualidad, ha vivido de cerca todas las zozobras de un barrio especialmente revolucionario y castigado por la reacción. Un documento poco conocido, el folleto «La contribución de la sangre», escrito en 1870 por un redactor de *La Razón* que respondía a las

Bajo la Plaza del Sol había un refugio antiaéreo durante la Guerra Civil, que fue destruido para construir un parking.

iniciales J. R. y R., recoge el diario de uno de los dirigentes de la revuelta conocida como "de las quintas" en el barrio de Gràcia, Francisco Derch. Derch era un personaje ambiguo que terminó militando en el conservadurismo más rancio a pesar de que en su momento había sido elegido como jefe del pueblo en armas que se enfrento al Ejército, dirigido por el general Eugenio de Gaminde entre el 4 y el 9 de abril de 1870. Derch relata en primera persona cómo la plaza del Sol fue el punto de reunión del pueblo de Gràcia en armas que, según él, le eligió por aclamación como jefe de la sublevación. «Fuime a la plaza del Sol, sitio en que está plantado el árbol de la libertad, mandé formar a la gente que había acudido a la llamada del pregonero y al numerarlas en alta voz no hallé más que el número exiguo de 60 hombres armados. Procuré hacerles ver que con la insignificancia de su número nada íbamos a conseguir, pero en vista de que era inútil cuanto les decía, pues se mostraban harto decididos a ofrecer una resistencia activa, después de protestar enérgicamente contra el incendio de los archivos, el que como he dicho traté de evitar a toda costa, pregunté si estaban dispuestos a morir por una santa causa como la abolición de quintas a lo que me contestaron con un sí enérgico y unánime». El árbol de la libertad del que habla Derch, ya desaparecido, era un cedro del Líbano plantado a raíz e la revolución de 1868, La Gloriosa, y que en 1870 se constituyó en el punto de reunión del somatén de Gràcia, el pueblo en armas. El cedro murió por sí mismo unos años después, en 1873 y se volvió a replantar, pero los vientos que soplaban entre los políticos de Gràcia fueron cambiando de dirección y el árbol de la libertad desapareció discreta y silenciosamente en 1896 cuando Derch, ahora alcalde y reconvertido al conservadurismo más casposo, pensó que ya no tenía sentido aquel símbolo. No ha sido hasta la investigación abierta en 2010 por *L'Independent*, una publicación gratuita de la antigua Vila, que se ha aclarado quién hizo desaparecer aquel símbolo de libertad.

La sorpresa de los Homs

Donde la Travessera de Gràcia se cruza con la calle Neptú, frente a la plaza de Gal·la Placídia, existió una casa, de planta baja y piso superior, derribada a principios del siglo XIX para ensanchar la Travessera, propiedad y vivienda de la familia Homs. En la parte baja estaba la vivienda y el próspero almacén de granos de los Homs y el piso superior lo tenían alquilado a una familia. La parte trasera de esa casa daba a un descampado por el que circulaba entonces, a cielo abierto, el ferrocarril de Sarrià pero la mayor parte del día y por supuesto de la noche, era un lugar solitario donde, todo lo más, aparecían grupos de muchachos de Sant Gervasi para dirimir sus diferencias a pedradas con los de Gràcia.

El Mercat de la Llibertat, entre Gran de Gràcia y la plaza Gal·la Placídia.

Una noche de verano, un sábado, mientras los inquilinos del piso superior estaban de vacaciones, notaron los Homs ruidos extraños y roces y seguros de que se trataba de ladrones avisaron de inmediato a los mossos d'Esquadra a cuyo jefe, Francisco Plantada, conocían. Plantada ideó una estrategia para neutralizar y detener a los ladrones y que consistió en hacer que los Homs hablaran en voz alta de la entrada de género nuevo al día siguiente y de ese modo, en sacos, entraron los mossos y sus armas en la casa. Al amanecer del domingo, los Homs, siguiendo con su fingimiento, escenificaron un día de salida al campo con la comida y todo lo necesario que, estaban seguros, llegaría a oídos de los ladrones del piso superior. Cuando los presuntos atracadores intentaron deslizarse por cuerdas al piso inferior, les estaban esperando los agentes y un disparo de fusil acabó con el único que intentó resistirse arma en mano. Los otros dos fueron detenidos y esposados y como era costumbre en la época, el ladrón muerto fue expuesto a la curiosidad de los vecinos para que todo el mundo viera como acababan las fechorías.

Les Corts

Un lugar maldito

Cuando todavía era parte del municipio de Les Corts, se construyó en lo que hoy es la calle Urgell una gran fábrica textil dedicada al algodón, reconvertida en 1908 en Escuela Industrial que ha sobrevivido hasta la actualidad. Los creadores de la fábrica fueron los hermanos Feliu y Joan Batlló, que en 1867 compraron terrenos a diferentes propietarios hasta reunir el equivalente a cuatro manzanas del Eixample donde construyeron la gran fábrica que se bautizó inmediatamente con el nombre de Can Batlló. Fue sin duda la mayor fábrica textil instalada en Barcelona con una plantilla de 2000 a 2500 obreros. Se puso en marcha en 1870 en un momento de grandes tensiones con el surgimiento del movimiento obrero en lucha contra las pésimas condiciones de trabajo. El negocio de los Batlló, basado en el algodón importado de Estados Unidos, había pasado por una gran crisis provocada por la Guerra de Secesión en aquel país donde se bloqueó a los estados del sur, donde se cultivaba la preciada planta. Batlló no se había recuperado todavía de aquellas penurias y las sucesivas huelgas en la nueva fábrica hicieron que el proyecto naufragara

El valor arquitectónico del edificio de la Escuela de ingeniería Técnica Industrial de la calle Urgell es incuestionable.

y cerrara sus puertas en 1889. Uno de los hechos que acompañaron aquellos años de conflicto fue el asesinato de Ermengol Porta i Solans, director de la sección de hilados de la fábrica, o mayordomo de los Batlló según diarios de la época, ocurrido el 12 de octubre de 1882. Los diarios apenas si dieron relevancia al hecho, salvo al hecho de que Porta era padre de una niña de once años y su esposa se encontraba recluida en un "manicomio" por problemas psiquiátricos. El crimen tuvo lugar a la misma puerta de la fábrica y nunca se llegó a conocer a los autores. Otro crimen, tanto o más sentido que ese, fue el ocurrido casi en el mismo lugar el martes 8 de enero de 1918 cuando el ingeniero y director de la Escuela Industrial, Josep Albert Barret[1], fue asesinado por los pistoleros del comisario Bravo Portillo al servicio del espionaje alemán.

1. Un relato del crimen y sus circunstancias se puede encontrar en *Los secretos de los barrios de Barcelona*, Ediciones Robinbook.

El asesino de Pedralbes

El número 5 de la calle Juan de Alós de Pedralbes corresponde a una mansión ajardinada y cercada por una verja con un bucólico aspecto que en nada recuerda al luctuoso hecho ocurrido en ella en 1974.

Buceando en los periódicos de la época, llama la atención una noticia aparecida en *La Vanguardia* del día 27 de junio donde se da cuenta del intento de suicidio en prisión de un hombre, José Luis Cerveto Goig. Según la información, Cerveto ingirió el contenido de una botella de lejía y trató de cortarse las venas después aunque no consiguió quitarse la vida por el rápido traslado al Hospital Clínico. Cerveto estaba detenido y acusado por el asesinato del matrimonio formado por Juan Roig y María Rosa Recolons, ocurrido en mayo del mismo año en su domicilio de la calle Juan de Alós donde Cerveto trabajaba como chófer. En septiembre de dicho año, Cerveto fue condenado a seis meses de cárcel por los abusos deshonestos cometidos contra un niño de once años unas semanas antes del doble crimen por el que aún debía ser juzgado. Durante el juicio posterior, sobre los crímenes de la calle Juan de Alós, Cerveto se declaró budista, en pleno éxtasis, y pidió ser ajusticiado para poder así reencarnarse. Fue condenado a dos penas de muerte pero finalmente le fueron conmutadas por treinta años de cárcel lo que dio al traste con su proyecto de reencarnación, por el momento. En 1978 el cineasta Gonzalo Herralde hizo un tenso documental sobre Cerveto *El asesino de Pedralbes* donde, desde la cárcel de Huesca, el mismo asesino relataba no solo el crimen, sino su vida torturada y desgraciada. Cerveto fue puesto en libertad en mayo de 1987 después de trece años de encierro de los treinta a que fue condenado y un año después era detenido de nuevo en Madrid acusado de abusar de dos niños de 11 y 8 años.

La naturaleza enfermiza de Carlos II hizo creer que padecía algún tipo de encantamiento.

La ilustre familia Castelldosrius

El espacio comprendido entre la Avenida de Sarrià, la Diagonal y las calles Ganduxer y Borí i Fontestà, fue hasta su urbanización la finca conocida como Ca N'Orlondo, propiedad de los marqueses de Castelldosrius, ilustre familia a quien Carlos II concedió el título nobiliario en 1696 en la persona de Manuel de Sentmenat-Oms de Santa Pau y de Lanuza. La actual heredera de dicho marquesado, que conlleva el título de Grande de España, es ni más ni menos que Ágatha Ruiz de la Prada y Sentmenat, diseñadora original y ecléctica. Su antepasado y primer marqués es un personaje poco conocido y oscuro en su vida pública y política. Embajador en Francia en 1698, era profundamente afrancesado y partidario por tanto de Felipe de Anjou como rey de España tras la muerte sin sucesión de Carlos II de Austria. Fu él, el encargado de reconocer ante Luis XIV de Francia a su nieto Felipe como rey de España con el nombre de Felipe V. Nombrado virrey del Perú en 1704 como premio a su apoyo a los Borbones en la guerra de Sucesión, fue acusado de corrupción, contrabando y malversación del dinero obtenido en Perú, al servicio de Francia, lo que induce a pensar que fue siempre un agente de Luis XIV en España. Fue condenado y rehabilitado poco después volviendo a su cargo de Virrey destacándose en la lucha contra los ingleses.

Un espacio mágico

En un espacio hoy desaparecido, en la calle Gelabert en su cruce con Josep Tarradellas, existió uno de esos lugares mágicos donde igual se podía oír música psicodélica que comprar libros de ciencias ocultas o estudiar el porvenir ante alguna experta en las cartas del Tarot. La oferta se completaba con actuaciones de jazz en directo, charlas y coloquios sobre los más variados temas, casi siempre esotéricos.

Podían verse en él a personajes con ojos inquisitivos, barbas pobladas o pañuelos a la cabeza, algo insólito en la Barcelona de principios de los setenta. Era 1972 y el local se lanzó con el nombre de Abraxas, el magnífico disco que Carlos Santana había lanzado dos años antes con canciones esotéricas como "Black Magic Woman". Eran famosos sus martes de parapsicología con conferencias como las del doctor Ferrara sobre "Control mental y curación" o "El imaginario y la astrología" de Muriel Chazalón. Cerró en 1995 y por él pasaron artistas como Gavin Friday, Emile Lachambre o Malets Trío.

Sarrià-Sant Gervasi

Los fantasmas de Sant Gervasi

Todavía puede verse en el cruce de la Avenida de Sant Gervasi y la del Tibidabo el bello y decrépito edificio conocido como La Rotonda, obra del arquitecto Adolf Ruiz Casatmitjana y reformado y ampliado por Sagnier, que fue en sus inicios un lujoso hotel, el Metropolitan. Hacia finales de los años sesenta el hotel cerró sus puertas y el edificio pasó a ser utilizado como centro social de alto nivel en el barrio de Sant Gervasi. Al tiempo que el edificio se iba deteriorando fue abandonado como sede del barrio y finalmente, en 1976, se convirtió en hospital psiquiátrico o en manicomio según la nomenclatura popular. A partir de ese momento se inició la leyenda del lugar pues se decía que en realidad era un lugar sombrío pensado para enfermos mentales terminales. Los vecinos del barrio empezaron a mirarlo con prevención y cuando finalmente fue abandonado, a mediados de los ochenta, se disparó la leyenda que muchos vecinos afirman que es una realidad. En su interior, como no podía ser de otro modo, se vivieron historias de lágrimas y de sufrimientos de pacientes sin curación y sus espíritus, sin descanso, parecen habitar todavía entre las paredes del edificio. Los transeúntes y los vecinos más cercanos afirman que se oyen todavía lamentos en su interior e incluso algunas veces luces temblorosas que se dejaban vislumbrar por sus ventanas. El edificio lo compró Núñez y Navarro en 1999 con la intención de construir un hotel, pero ya se sabe que los fantasmas no suelen huir de su hábitat aunque lo cambien de aspecto.

Ante los planes municipales que preveían derribar el edificio, surgió la iniciativa ciudadana Salvemos la Rotonda.

El diablo visitó Barcelona

El punto más alto de la sierra de Collserola, perteneciente al distrito de Sarrià–Sant Gervasi, es la cima del Tibidabo que con sus 512 metros domina todo el Pla de Barcelona y desde el que se puede ver hasta el mar. En la cúspide de la montaña se levanta el templo del Sagrat Cor y pegado a su muro puede verse la primitiva ermita, obra de la tenacidad de Dom Bosco y de la generosidad de los doce caballeros, como los de la famosa Tabla Redonda, que cedieron los terrenos que habían comprado poco antes y de Dorotea Chopitea, ilustre dama famosa por su apoyo a causas cívicas y religiosas. Los caballeros compraron a Cristóbal Obiols dos fincas que ocupaban la cúspide de la montaña con casi 27.000 metros cuadrados con el compromiso de usar los terrenos para el culto cristiano. Tras la visita de San Juan Bosco a Barcelona entre abril y mayo de 1886 se inició la construcción de ese primer templo, de estilo neogótico, planta cuadrada y una altura de 8 metros, albergando en su interior la escultura del Sagrado Corazón. Tras la creación de la empresa que instalaría el parque de atracciones, se llegó a un acuerdo entre las autoridades municipales, las eclesiásticas y la empresa Sociedad Anónima el Tibidabo para que se reservaran 6.000 metros cuadrados para la construcción de un gran templo dedicado al Sagrado Corazón, tal y como había soñado Dom Bosco. El día 28 de diciembre de 1902, el cardenal Casañas, obispo de Barcelona, puso la primera piedra del templo que se acabaría de construir en 1927. Destruido durante la Guerra Civil, fue reconstruido entre 1939 y 1955.

La leyenda que acompaña al espectacular templo, obra de Luis Sagnier e inspirado en el Sacre Coeur de París, tiene su origen en el Evangelio de san Mateo, capítulo 4º versículo 9, donde relata la tercera tentación del diablo a Jesús de Nazareth. Dice san Mateo que el demonio transportó a Jesús hasta lo alto de una cumbre y mostrándole el magnífico espectáculo que había a sus pies le dijo: «Todo esto te daré, si postrándote ante mí, me adoras». El Evangelio cuenta cómo Jesús le respondió: «Apártate de mí, Satanás...» rechazando la oferta, pero no dice qué montaña era aquella desde la que se veía tan maravilloso paisaje. Ahí es donde entra la leyenda, pues el nombre Tibidabo proviene del latín y significaría literalmente "te daré" por lo que se ha interpretado que el diablo, Satanás, transportó a Jesús hasta esa cima, la que domina Barcelona y le mostró toda la belleza del Pla barcelonés: el lejano asentamiento layetano o cartaginés sobre el monte Tàber, donde se erigiría la vieja Barcino, la estilizada silueta de Montjuïc, los dos ríos que abrazaban una fértil tierra con sus torrentes y sus bosques, El Diablo lo conocía, y no pudo encontrar una tierra más hermosa que ofrecer a cambio de la adoración. En todo caso, Satanás no sabía con quién se la jugaba, al fin y al cabo Jesús de Nazareth acabó quedándose con el Tibidabo y con todo lo que la vista podía abarcar.

El farmacéutico y el carlismo

En la esquina de la plaza de Sarrià con la calle Major del barrio, frente a la iglesia, existió una farmacia regentada por el farmacéutico Josep Margenat, vecino de la localidad y muy conocido por su militancia conservadora. Margenat falleció en un tiroteo en la noche del 5 de septiembre de 1843 contra milicianos liberales llegados desde Barcelona para detener a algunos de Sarrià de ideología contraria en medio de la revuelta barcelonesa contra Prim, conocida como La Jamancia. Margenat era yerno de Salvador Bonaplata, el empresario cuya fábrica, El Vapor, había sido quemada ocho años antes, en 1835, en la primera bullanga de Barcelona. Bonaplata y la familia Jordà, propietaria de los terrenos donde se encuentran hoy las calles Jordà, Bonaplata y Monterols, construyeron sus residencias en la calle Jordà. Muy cerca de ese mismo lugar, en Can Caralleu, había nacido otro protagonista, involuntario, de los hechos del verano de 1835, Marià Garrich, que participó en un alzamiento carlista que tuvo lugar en octubre de 1834. El alzamiento no tuvo éxito; su jefe e instigador, Artur Barcelò, huyó cuando fue descubierto el plan, pero Garrich y otros tres implicados fueron detenidos y encerrados en la Ciutadella. Lo peor del caso y más incongruente, es que Garrich, que en agosto de 1835 estaba todavía encerrado, fue acusado del incendio de la fábrica Bonaplata y fusilado en la tarde del 7 de agosto. Con él se fusiló a otro protagonista, éste sí convicto y confeso, Narcís Pardinas, un campesino de las afueras de Barcelona del que no se conocen más datos y que, probablemente, no tenía filiación política alguna. Misterios de la política.

En tiempos de revoluciones no eran infrecuentes los casos de ejecuciones injustas.

Un caso de espionaje

En la falda del Tibidabo existe un bar con una gran mirador abierto a la ciudad, cuyo nombre no es necesario mencionar pues no tiene protagonismo en esta historia relacionada con él. El caso es que uno de los propietarios del local, de nombre Tomás Ripoll[1], fue imputado en un célebre caso de espionaje destapado por la Policía Nacional en el verano de 2012. Según  los informes publicados por varios periódicos, Ripoll había sido durante un largo periodo, tal vez los últimos veinte años, un intermediario en la venta de información confidencial a diversos despachos de detectives privados de Barcelona. Ripoll formaba parte de una red de espionaje privado que abarcaba prácticamente toda España. Dirigida al parecer por un hombre llamado Juan Antonio Rama Menéndez[2] desde un pequeño pueblo llamado Tarrueza, en Cantabria, la trama descubierta en la operación Pitiusa, llevó a detener a 190 personas, entre detectives y funcionarios de la más variopinta procedencia. El negocio consistía en una red de confidentes reclutados en diversas instancias públicas o privadas, como hospitales, Policía, Guardia Civil, Seguridad Social, Hacienda, Registro de la Propiedad, compañías telefónicas, Registro Mercantil, ayuntamientos y una larga lista de organismos que pudieran aportar información confidencial. Estos confidentes proporcionaban información a los intermediarios como Ripoll que se encargaban de venderla especialmente a detectives privados. Entre los informadores de la trama fue detenido e imputado el detective privado Jordi Agustí Alemany, que haciéndose pasar por médico obtenía

1. *El Confidencial*. 7 de diciembre de 2012.
2. *El País*. 13 julio 2012.

historiales médicos privados que luego vendía a sus clientes interesados y entre los miles de "espiados" la policía detectó a Telma Ortiz, hermana de la Princesa de Asturias y a Ignacio López del Hierro, esposo de María Dolores de Cospedal. El volumen de dinero manejado era ingente. Los datos publicados[3] hablaban de un historial laboral por 100 euros, un informe sobre una declaración de renta de 2.000 a 6.000 euros, según su importancia. Y hasta 30.000 euros por un informe empresarial completo. Uno de los implicados, el ingeniero informático, y *hacker*, Matías Bevilacqua-Brechbuhler, ha declarado que había trabajado en alguna ocasión para el CNI, el Centro Nacional de Inteligencia, pero si fuera verdad, nunca lo diría.

El misterio de Capitán Arenas

Los números 57 y 59 de la calle Capitán Arenas, ofrecen hoy en día un pequeño espacio ajardinado rodeando un edificio de reciente construcción. No obstante, en ese mismo lugar existió un edificio anterior, de diez plantas, que se derrumbó a consecuencia de una explosión, supuestamente de gas, el día 6 de marzo de 1972. En el suceso perecieron dieciocho personas y generó un sinfín de especulaciones y confusiones. La explosión se había producido poco después de la medianoche, cuando los inquilinos ya dormían razón por la que el número de víctimas fue tan elevado. Alrededor del lugar de la explosión, la rotura de cristales, puertas y ventanas dio fe de su violencia y aunque los titulares y los primeros informes hablaban de una explosión de gas natural, la compañía Catalana de Gas y Electricidad, se apresuró a descartar esa hipótesis, alegando que sus técnicos no habían detectado indicios de que el gas fuera el responsable. Una serie de irregularidades y de misterios rodearon el hecho. Los vecinos achacaron las causas al gas natural desde luego, instalado unas semanas antes, pero los expertos del Col·legi d'Arquitectes, de la Maestranza de Artillería y del Col·legi de Enginyers no se ponían

3. *El País*. 13 julio 2012.

Los destrozos provocados por la explosión en el edificio de la calle Capità Arenas eran también visibles desde el exterior.

de acuerdo. El informe final de la policía, sin esclarecer las causas, descartaba que fueran explosivos los causantes del desastre. Otro hecho misterioso, la desaparición de ese informe durante varios días, se añadió a las incertidumbres. El informe volvió a aparecer cuando alguien lo hizo llegar a principios de enero de 1974 a las manos de varios periodistas. Otro informe, este del Gas Council, un organismo internacional independiente, afirmó que el gas natural no podía haber sido el causante de la explosión.

Cuando en octubre de 1972 se produjo otra explosión en Sants, esta sí a causa del gas, se resolvió que la de Capità Arenas también lo era, pero un nuevo informe del Col·legi d'Enginyers volvió a afirmar sin género de dudas que el gas no era el responsable. A pesar de todos los informes, se había procesado a tres ingenieros de la compañía suministradora de gas y esta había accedido a indemnizar a los herederos de las víctimas. En 1977 se amnistió a los procesados pero la compañía de gas nunca reconoció su responsabilidad en lo sucedido.

En el terreno de las especulaciones se habló de una pugna entre dos sectores de la economía franquista enfrentados por el consumo energético y por las posibilidades de apertura del régimen. De un lado Catalana de Gas y Gas Natural S.A., presididas por el "aperturista" Pere Duran Farrell, empeñadas en sustituir el gas ciudad y el gas butano por el más energético y barato gas natural. De otro Luis Valero Bermejo, presidente de Butano, S.A. y secretario de la Confederación de Combatientes (franquistas, naturalmente). Valero y su empresa se oponían a la instalación del gas natural que equiparaba España a Europa y abría mercados en contra de los intereses enquistados de la autarquía. En la prensa extranjera se habló de un posible atentado contra Gas Natural para desprestigiar su modernización de la red de gas y por otro, en la prensa española afecta al régimen se acusó a Duran Farrell de ligereza a la hora de sustituir las redes de suministro. Una de las personas más beligerantes en demostrar que la explosión fue un acto deliberado de la extrema derecha fue la abogada Lidia Falcón, acusada y procesada por sus declaraciones y por la desaparición del informe policial.

Sant Pere contra Napoleón

En el extremo oeste de la ciudad, donde se une su municipio con los de Esplugues de Llobregat y Sant Just Desvern, se encuentra el pico conocido como Sant Pere Martir, aunque su nombre geográfico es el de Puig d'Ossa, conocido desde antiguo. En su cima existió una ermita dedicada a Sant Pere Martir y de ahí el nombre popular, pero la ermita fue abandonada en 1792 y desde entonces el lugar pasó por diversos avatares hasta reconvertirse el lugar en un mirador privilegiado sobre Barcelona que conserva las ruinas de la primitiva ermita y donde se levanta la torre de comunicaciones de Collserola. Ya en 1640, durante la Guerra dels Segadors, la ermita fue ocupada militarmente pues su situación es estratégica para dominar la ciudad. Se conserva también en su cima la base de lo que fue un emplazamiento artillero utilizado durante la Guerra Civil de 1936–

1939, pero el uso militar de ese punto, según diversas fuentes, ha sido permanente desde 1640 hasta el final de la Guerra Civil. Como era de esperar, también el Ejército francés que ocupó Barcelona entre 1808 y 1814 utilizó la ermita como cuartel y estacionó allí un numeroso destacamento. Era el mes de agosto de 1808 cuando Sarrià quedó totalmente ocupado por los soldados napoleónicos y poco después, el día 24 de septiembre, ocurrió un hecho memorable. Una violenta tormenta con aparato eléctrico cayó sobre Barcelona y sus alrededores. Los rayos cayeron en diferentes lugares del Pla y de Collçerola, pero uno de ellos pareció aliarse con los resistentes contra la ocupación. A media noche, una compañía de soldados del contingente francés, italianos al mando del general Delivani, dormía en la ermita acondicionada como cuartel, cuando cayó un rayo sobre ella incendiando el techo que se desplomó sobre la tropa. Ochenta soldados resultaron muertos, aplastados y quemados en el incendio que destruyó la ermita. No faltó quien achacó el acontecimiento a la impiedad de los soldados franceses.

El caso de Claudio y la herencia

Un amplio espacio, hoy urbanizado, entre las calles Dolors Monserdà y Pedró de la Creu, era la finca perteneciente a la familia Fontanellas que recibió el título de marquesado en 1849 en la persona de Frances Xavier Fontanellas, muerto en 1851. La propiedad estaba entonces atravesada por un torrente donde se urbanizó posteriormente el tramo superior de la Via Augusta. Sobre la familia Fontanellas se tejió a mediados del siglo XIX una curiosa historia. Francesc Fontanellas Calaf, nacido en Capellades en 1773 había hecho fortuna con los productos llamados "coloniales" en Vilanova i la Geltrú, básicamente azúcar y café. En 1822 ya vivía en la finca mencionada donde se había establecido. Llevaba un negocio de proveedor del Ejército y par-

Sin las facilidades de comunicación disponibles hoy en día, era habitual no tener noticias de quienes emigraban a América.

ticipó en diversa aventuras bancarias como el Banco de Barcelona y el Banco de San Fernando. Padre de cuatro hijos, el último, Claudio, nació en 1822 ya en Barcelona y en 1845, con solo 23 años, la tarde del 19 de marzo, dijo que iba a dar un paseo y desapareció. Después de las pesquisas oportunas se llegó a la conclusión de que se había marchado a América, sin que nadie supiera la razón y poco tiempo después se recibió una carta anunciando que había sido secuestrado y pidiendo un rescate. La familia se negó a pagar y las autoridades sospecharon que todo era un truco de Claudio para obtener dinero. Así las cosas cuando falleció Frances Xavier Fontanellas, el padre, la mayor parte de la herencia, siguiendo el sistema catalán, fue a parar al hijo mayor, l'hereu, Lamberto, pero dejaba en testamento una parte de la herencia a Claudio, caso de que apareciera. Diez años después, en 1861, llegó una carta donde Claudio, que la firmaba, anunciaba que volvía en barco a su ciudad natal desde América. Recibido en un principio como el hijo pródigo, fue agasajado y reconocido hasta que alguien sospechó que era un impostor y lo denunció a las autoridades. Encarcelado, los viejos criados de la casa insistían en que era el señorito Claudio basándose en una fractura en la pierna debida a una caída de caballo de niño. Para acabar de complicar la cosa apareció un matrimonio de Sarrià, los Feliue, declarando que el joven era su hijo, también de nombre Claudio y emigrado a América. Finalmente, el juez decidió que era un impostor, le condenó a pagar una multa y los gastos de toda la aventura y dio por cerrado el caso. Claudio siempre mantuvo que era el auténtico hijo de Fontanellas.

La viuda Igualdad

Donde Pedró de la Creu se une a la calle Duquesa de Orleans, en el número 1 de esta última, ya no existe un señorial edificio que estuvo allí hasta su derribo a principios del siglo XX. En ese edificio, cuando la calle se llamaba del Senyors, residió desde 1798 a 1808 una misteriosa dama de la que nadie conocía ni su nombre ni su origen. Había llegado discretamente y se había instalado primero en una casa más modesta en la cercana calle de Negrevernis. Apenas se la veía pues no solía salir de la pequeña vivien-

da donde convivía con algunas damas de compañía. Cuando ya se había marchado, en 1808, corrió la voz de que era una aristócrata francesa que huía de los revolucionarios, que acababan de entrar en España desde Francia y finalmente se supo que se trataba de Luisa María Adelaida de Borbon Penthievre, duquesa de Orleans, descendiente directa de Luis XIV y madre del que sería rey de Francia, Luis Felipe de Orleans. Tan distin-

Los aristócratas huyeron de Francia para evitar ser ejecutados en la plaza pública.

guida dama estaba separada de Luis Felipe José de Orleans, un noble ardientemente revolucionario hasta el punto de ser conocido como "el Duque Igualdad" con el que había tenido seis hijos y del que se había separado en 1792. Para entonces, la duquesa se había visto envuelta en las actividades políticas de su marido y en su residencia de París tenían lugar frecuentes reuniones de revolucionarios auspiciadas por su marido. Los rápidos acontecimientos de la Revolución y la persecución a los nobles terminaría también con Luis Felipe José en la guillotina y a punto estuvo también Luisa María Adelaida de acabar del mismo modo. Se ocultó como pudo hasta que huyó a España, aunque con el buen sentido de no hacerse notar en una ciudad como Barcelona demasiado cerca de la frontera. En 1808 ante el nuevo peligro, la duquesa viajó a Menorca, todavía bajo la influencia británica, donde se sintió más a salvo hasta su regreso a Francia en 1814.

Horta-Guinardó

El casino fantasma

En la vieja carretera de L'Arrabassada, situado ya en el término municipal de Sant Cugat del Vallés, se encuentra lo que queda en pie de un macroproyecto de principios del siglo XX que pretendió crear una zona de ocio de alto nivel alrededor de un casino que podía haber competido con el de Montecarlo, o al menos así lo esperaban sus promotores. El primer edificio de lo que estaba llamado a ser un gran complejo fue el del Hotel–Restaurante L'Arrabassada, construido en 1899 por el arquitecto parisino M. Lechavallier Chevignard, pero muy pronto se formó una sociedad mucho más ambiciosa, La Rabassada Sociedad Anónima, que en 1909 compró el hotel y extensos terrenos a su alrededor para desarrollar el gran proyecto de ocio. El casino, obra del arquitecto Andreu Audet i Puig, se construyó inmediatamente y se

Proyecto del casino, fechado en abril de 1910 y firmado por el arquitecto y por la sociedad anónima La Rabassada.

El lujoso casino estaba rodeado de jardines poblados con plantas exóticas.

inauguró el 15 de julio de 1911 con un banquete para trescientos invitados. El casino fue durante sus primeros años el edificio más destacado de Barcelona donde las clases adineradas de la ciudad y de otros lugares de España y de Francia venían a ganar y sobre todo a perder grandes fortunas. El principio del fin para el casino llegó muy pronto; en 1912 el Gobierno presidido por Canalejas extremó las persecuciones al juego, tolerado pero no legalizado y en 1928, el general Primo de Rivera, golpista y dictador, lo prohibió definitivamente sellando el destino del casino y de todo el complejo.

La historia–leyenda del magnífico y frustrado casino, historia negra y fantasmal, tiene un regusto a aquella magnífica e inquietante película de Kubrick llamada *El resplandor*. Sin que se sepa a ciencia cierta, ha transcendido que el casino tenía una habitación especial, cubierta toda ella de azulejos donde los ilustres caballeros que habían perdido toda su fortuna jugando a la ruleta, al bacarrá o al póquer, podían contar con una salida airosa a la vergüenza, el deshonor y la pobreza. Naturalmente esa salida era pegarse un tiro con un revólver que, amablemente, le cedían los responsables de la casa de juego. La razón de los azulejos cubriendo suelo y paredes no era otra que facilitar la limpieza de la sangre, cosa que hubiera sido difícil y costosa de usar la moqueta, las alfombras y las maderas nobles del resto del edificio. Otras versiones afirman que la habitación en cuestión estaba en el hotel adyacente, que llegó a conocerse como Maison du Mort. Cuando el edificio fue abandonado definitivamente, en 1956, empezó a correr el rumor de que los fantasmas de los desGràciados que habían puesto fin a su vida siguen atrapados allí, por el vicio del juego. Cuando en los años sesenta y setenta se intentó utilizar el edificio como prostíbulo, y posteriormente como casa de colonias, algo hizo imposible cualquiera de las dos actividades. Nunca nadie ha dado explicaciones de por qué se dejó de utilizar, ni por qué se ha dejado que el tiempo acabe con aquel proyecto y aquellos impresionantes edificios. Tal vez no es conveniente pasear por sus ruinas cuando se pone el sol.

Alrededor del famoso casino existe no obstante otra leyenda que, más o menos, se repite en otros lugares del mundo y tiene algo que ver con una joven, bella y misteriosa que se aparece a los conductores en carreteras solitarias. La de l'Arrabassada cuenta que en una fecha indeterminada, allá por los años ochenta, un joven regresaba al volante de su coche de una fiesta nocturna en Sant Cugat, al otro lado de la montaña de Collserola y para evitar los controles de alcoholemia en la autovía optó por el camino de la vieja carretera llena de curvas. Al cabo de un rato, con la imprudencia que da el alcohol, se tomó el viaje como un rally y empezó a enfilar las curvas a toda velocidad hasta que en una pequeña recta, cerca del antiguo casino, vio a una joven que parecía hacerle señales. Frenó en seco ante ella y la chica, joven, bonita aunque vestida con un modelito muy anticuado, le preguntó si podía llevarla un poco más adelante. El joven aceptó dispuesto a demostrarle lo valiente que era y lo bien que conducía y salió disparado con ella en el asiento del copiloto. Al cabo de unos minutos de velocidad endiablada, llegaron al lugar conocido como la "curva de la paella", absolutamente circular y la joven le pidió que la dejara allí. El chico frenó en seco, la muchacha salió del coche y en ese momento un camión de gran tonelaje se cruzó en dirección contraria ocupando casi toda la carretera. El joven dio un suspiro de alivio, porque de no haber frenado se hubiera estampado contra él sin remedio, pero cuando quiso dar las gracias a la joven que le había salvado la vida, esta había desaparecido. Poco después, en una comida en casa de una amiga, compañera de trabajo, descubrió la fotografía de una tía–abuela, fallecida en un accidente de tráfico en 1907 en la "curva de la paella". Era la misma joven que a él le había salvado la vida.

La expectación ante las apariciones de la Madre de Dios reunía a los fieles que esperaban presenciarla.

Salvar a Cataluña

También ya fuera del término municipal de Barcelona, pero solo a cuatro kilómetros, por la carretera que lleva a Cerdanyola del Vallès, hay otro interesante y mágico lugar. En principio es solo un camino que conduce al restaurante llamado Can Cerdà, pero en un recodo se ha levantado un pequeño oratorio que encierra en su interior un árbol caído y un milagro. En ese lugar, sobre ese árbol caído, el día 8 de noviembre de 1974, es decir, anteayer en términos históricos, se produjo la última aparición de la Vírgen María de la que se tiene noticia en España, cinco años después de que se apareciera en El Palmar de Troya. El fenómeno se produjo el día 8 de noviembre ante un grupo de cinco personas citadas allí por Josefa Pugés que ya había tenido visiones de la Vírgen anteriormente y fue entonces cuando se identificó como "la Vírgen de Cataluña" y dijo: «Vengo para salvar a Barcelona y a Cataluña especialmente, y con ellas también a España y al mundo entero», aunque no especificó de qué iba a salvar a Barcelona y a Cataluña. La Vírgen aparecida no era una advocación autóctona, sino que se trataba de la Vírgen de Lourdes que anunció que aparecería el día 11 de cada mes y que se le debía rezar entonces el Santo Rosario. El día 11, es decir tres días después de esta primera aparición, hizo de nuevo acto de presencia ante catorce personas. El número de espectadores de la aparición fue aumentando, algunas veces con presencia de los medios de comunicación y finalmente, la Vírgen anunció que su última aparición sería el 15 de agosto de 1976, siempre a través de Josefa que es la única que podía oírla.

La Torre del Barò

El día 25 de mayo de 2001, miércoles, la agrupación de ciclistas de la ciudad de Molins de Rei, que lleva el nombre de Siberianos, hizo una de sus salidas habituales, esta vez hasta las estribaciones de Collserola, en la parte más alta del distrito de Nou

Situada sobre un montículo, desde el edificio de la Torre del Baró puede contemplarse toda la ciudad de Barcelona.

Barris de Barcelona. Uno de los puntos a visitar era la Torre del Baró, a unos doscientos metros sobre el nivel del mar, edificio inacabado de 1904 y que fue propiedad de Manuel María de Sivatte i Llopart (1866-1931), carlista convencido y muerto el mismo año de la llegada de la República española, tal vez a causa del disgusto. El día mencionado de 2001, uno de los miembros del grupo ciclista tomó una fotografía en la que, por vez primera, se pudo ver en una ventana del segundo piso, la figura luminosa del fantasma que, decían los vecinos, habitaba en la torre inacabada.

Los terrenos donde se erigió la torre habían pertenecido a la baronía de Pinós y en algún lugar cercano estuvo construida hasta 1714, cuando fue destruida en la Guerra de Sucesión, la auténtica y antigua Torre del barò. Uno de los ilustres antepasados de la estirpe fue Pere Galceran i de Pinós fallecido de peste en 1354 durante el sitio de l'Alguer, en Cerdeña, a las órdenes del rey Pere el Cerimoniòs, en el curso de la guerra contra Génova. Es posible que el fantasma que recorre la torre, o mejor dicho, el terreno donde se pretendió edificar la torre, sea el de este Pere Galcerán, pero muchos otros miembros de tan ilustre familia, guerreros todos ellos, murieron en tierras lejanas, siempre al lado de los reyes de Aragón: Bernardo Galcerán de Pinós, Berenguer de Pinós, Ramón de Pinós. Una reseña de toda la familia se puede encontrar en el libro *Ideas varias de orar evangélicamente*[1], de Francisco Sobrecasas dedicado en su portada a Joseph Galcerán de Pinós y Rocaberti. ¿Será este el fantasma?

Salvado por la fe en la Vírgen

Tan tardíamente como en 1920 se inició en Barcelona el proyecto de una iglesia dedicada a la Vírgen de Montserrat, coronada como patrona de Cataluña en 1881 por el Papa Leon XIII, y el proyecto fue obra de un sacerdote, mossèn Eugeni Florí que

1 Impreso en Zaragoza en 1681. Biblioteca de la Abadía de Montserrat.

Los catalanes sienten gran advocación por la Mare de Déu de Montserrat.

se empezó en su construcción batallando con la Compañía de Aguas y con los retrasos debidos, entre otras causas, a la Guerra Civil. Finalmente, en 1945 se terminó la construcción de la iglesia que se encuentra ubicada en el numero 144 de la Avenida Vírgen de Montserrat. Una de las actividades de la parroquia ha sido desde su fundación la implementación de peregrinaciones al santuario de Montserrat, en la montaña del mismo nombre, a pie, una tradición muy barcelonesa desde tiempo inmemorial. La imagen que se exhibe en el monasterio de Montserrat, la Vírgen con el niño en brazos y una bola del mundo, es conocida como "la moreneta" a causa del color negro de cara y manos, debidos según parece al tipo de barniz utilizado y que, con el paso del tiempo, se va oscureciendo, algo muy corriente en muchas imágenes de vírgenes por toda Europa. La imagen de Montserrat, hallada en el año de 880 en la cueva existente en el

camino que sube a la montaña desde la localidad de Collbató,
se veneró en dicha cueva cuando fue encontrada para trasladar-
se después al monasterio construido aproximadamente en 1011
y desde su aparición se le han atribuido milagros que se podrían contar por centenares. Uno de ellos, consignado en el libro de Pedro Alfonso de Burgos *Libro de la Historia y Milagros,*
hechos a invocación de nuestra Señora de Montserrate, de 1594, se
cuenta la historia del marinero barcelonés Simeon Creus, que
salvó los testículos por intercesión de la Vírgen de Montserrat.
Dice la crónica del autor, que navegando de Barcelona a Cádiz
en una galera de mediano tamaño, ésta fue atacada por los piratas argelinos y se entabló un tiroteo de arcabuces y cañones
entre ambos barcos. Creus, fiel de la Vírgen de Montserrat, se
encomendó a ella antes de entrar en combate y he aquí que fue
herido en un muslo por un disparo de arcabuz y en ese momento, una bala da cañón disparada desde el bajel de los piratas le
pasó entre las piernas rozando sus partes nobles y sin llegar a
tocarlas. Las balas de cañón de la época, de piedra o de hierro
no estallaban desde luego, pero su impacto era destructivo para
las personas y para los barcos, por lo que el marinero, en agra-
decimiento, peregrinó después al monasterio de Montserrat
donde dio fe del milagro amparado por dos testigos, los frailes
Antonio Bernach y Pedro de Medina.

El monasterio desaparecido

En un paraje hoy en día perdido y solitario en la montaña del
Tibidabo, junto a la carretera de Sant Cugat, se conservan todavía algunas ruinas perdidas entre bosquecillos y matojos. Aún
puede reconocerse la capilla de La Magdalena y poca cosa más
del antiguo y gran Monasterio de Sant Jeroni, que afirma la tradición, fue fundado en el siglo VI por monjes llegados desde Palestina aunque tal vez lo fuera por Poncio Ancio Meropio, conocido
como Paulí de Nola. Precisamente el nombre de Vall d'Hebrón

dado a esta parte de la sierra de Collserola, viene de la creencia ancestral de que los monjes provenían de aquella antiquísima ciudad palestina. Existe documentación del siglo XIV en la que ya se cita el monasterio, fundado en época del rey Juan I de Aragón (1350–1396) por frailes jerónimos llegados desde Valencia, pero se supone que anteriormente residían ermitaños en las cuevas o abrigos de la zona. En 1808 el monasterio sufrió el asalto y el saqueo por parte de los soldados franceses de ocupación, pero fue en 1835, la tarde del 6 de agosto, cuando el cenobio fue asaltado

Es posible que san Paulino de Nola fuera uno de los fundadores del Monasterio de Sant Jeroni.

e incendiado por una tumultuosa muchedumbre llegada desde el Pla de Barcelona y de la misma ciudad. La casi totalidad de los monjes ya lo habían abandonado debido a los decretos de desamortización del ministro Mendizábal y los que quedaban pudiera escapar sin daño, pero las llamas consumieron la casi totalidad del monasterio que nunca más fue recuperado, ni siquiera para el menester habitual de convertirlo en cuartel o prisión. Años después aún se contaba en la zona que tras el incendio, una espesa niebla cubrió aquella parte de la montaña y que cuando se disipó, el monasterio había desaparecido.

Bibliografía

Libros

Almerich i Sellarés, Lluís, *Monografies històriques de Barcelona*, Llibreria Millà, Barcelona, 1945.

Amades, Joan, *Guia llegendària de Barcelona*, El Mèdol, Tarragona, 2002.

Arxiu Històric de la Ciutat de Barcelona.

Balaguer, Víctor, *Las calles de Barcelona*, Salvador Manero, Barcelona, 1865.

Campmany, Antonio, *Memorias históricas sobre la marina, comercio y artes de la antigua ciudad de Barcelona*, Madrid, Antonio A. Sancha, 1779.

Carandell, Josep M., *La Rambla i els seus misteris*, Nou Art Thor, Barcelona, 1986.

Carbonell, P. M., *De exequiis sepultura et infirmitate Regis Ioannis Secundi*, Barcelona, 1517.

Coll i Alentorn, Miquel, *Història de Catalunya*. Edicions de l'Abadia de Montserrat, Barcelona, 1952.

Duran i Sanpere, A., *Barcelona, divulgación histórica*, Institut Municipal de Història de la Ciutat, Ediciones Ayma, Barcelona, 1946.

Escamilla, David, i Caballero, José Luis, *Secretos de las calles de Barcelona*, Robinbook, 2010.

Escamilla, David, i Caballero, José Luis, *Secretos de las plazas de Barcelona*, Robinbook, Barcelona, 2011.

Fabre, J., i Huertas Clavería, J. M., *Tots el barris de Barcelona*. Ed. 62, Barcelona, 1976.

Flórez, Enrique, *et al.*, *España Sagrada*, Real Academia de la Historia, Palencia, 1775.

Freixenet, Dolors, *L'empremta d'un imperi*, Barcanova, Barcelona, 1996.

Galiano Royo, César, *El día de Barcelona*, Fundación Anselmo Lorenzo, Barcelona, 2008.

Gomis, Cels, *La bruixa catalana, aplec de casos de bruixeria i supersticions recollits a Catalunya*, Alta Fulla, Barcelona, 1996.

Gorchs, Tomás, *Barcelona antigua y moderna*, Librería Politécnica, Barcelona, 1854.

Lagarda–Mata, Sylvia, *Fantasmas de Barcelona*, Angle, Barcelona, 2010.

Low, Mary, *Cuaderno Rojo de Barcelona*, AliKornio, Barcelona, 2001.

Lozano, Cristóbal, *Leyendas y tradiciones españolas*, Ediciones Ibéricas, Madrid, 1958.

Marcillo, Manuel, *Crisi de Cataluña hecha por las naciones extrangeras*, Madrid, 1685.

Martínez de Sas, Maria Teresa, *Diccionari biogràfic del moviment obrer als Països Catalans*, Edicions de l'Abadia de Montserrat, Barcelona, 2010.

Miquel Planas, Ramon, *La llegenda del llibreter assassí*, Montesinos, Barcelona, 1991.

Paz, Abel, *Viaje al pasado*, Fundación Anselmo Lorenzo, Barcelona, 2002.

Pérez Samper, M.ª de los Ángeles, *Felipe V en Barcelona. Un futuro sin futuro*, tesi doctoral, Universitat de Salamanca, 2000.

Pi Andreu, Avel·lí, *Barcelona antigua y moderna*. Librería Politécnica, Barcelona, 1854.

Prats, Joan de Déu, *Llegendes de Barcelona*, Edicions de l'Abadia de Montserrat, Barcelona, 2007.

Pujades, Jerónimo, i Torner, José, *Crónica universal del Principado de Catalunya*, Barcelona, 1831.

Riutort, Josep M., *Anecdotario barcelonés ochocentista*, Librería Millà, Barcelona, 1946.

Torres Sans, Xavier, *Faida y bandolerismo en la Cataluña de los siglos XVI y XVII*. Universitat de Girona, Girona, 2003.

Vallescá, Antonio, *Las calles de Barcelona desaparecidas*, Ariel, Barcelona, 1945.

Zeuske, M., y García Martínez, Orlando, *«La amistad» de Cuba: Ramon Ferrer, contrabando de esclavos. Captividad y modernidad atlántica*, Caribbean Studies, Puerto Rico, 2009.

Otras fuentes

Executions in Spain from 1812–1975 (www.capitalpunishmentuk.org/garottel.html).

www.ejercito.mde.es.

www.jewishencyclopedia.com/.

Hemeroteca de *La Vanguardia*.

Hemeroteca de l'*ABC*.

HISTORIAS DE LA HISTORIA DE BARCELONA

Dani Cortijo

Las calles de Barcelona no son únicamente aquello que vemos a simple vista. Si nos detenemos un momento en silencio y escuchamos con atención, aún pueden oírse disturbios de antaño, el olor de las especies, el trajinar de carros y caballos, la agria sensación del miedo, ilusiones y esperanzas, leyendas y mitos que sobrevuelan los callejones de la ciudad. Entre todas las historias que envuelven la formación y desarrollo de la ciudad de Barcelona, Dani Cortijo ha seleccionado aquellas que no solo nos permitirán saber cómo era la vida en la ciudad en el pasado sino que al tiempo constituyen una reivindicación de la vida cotidiana y de la cultura popular.

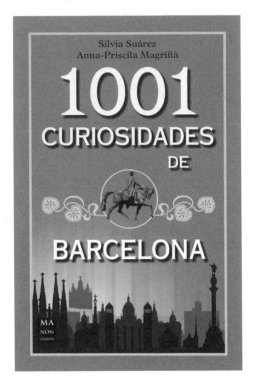

1001 CURIOSIDADES DE BARCELONA

Silvia Suárez / Anna-Priscila Magriñà

En un rincón de la calle Paradís hay una piedra de molino que recuerda la cima del monte Tàber, el lugar más alto de la ciudad romana y desde donde los hombres del emperador Augusto empezaron a construir la ciudad que llamaron Iulia Augusta Faventia Paterna Barcino. Desde entonces son muchas las anécdotas y curiosidades que esta ciudad nos ha dejado. Al leerlas, el lector podrá trazar un recorrido emocionante por nuestra historia y de esta manera entender mejor la realidad que le envuelve.

LOS SECRETOS DE LAS CALLES DE BARCELONA

José Luis Caballero / David Escamilla

Barcelona es una ciudad fascinante que ha sido capaz de reinventarse a sí misma a lo largo del tiempo una y otra vez, de ahí que todo el mundo la conozca como la ciudad de las mil caras. Porque existe la Barcelona industrial, la Olímpica, la ciudad de las ferias y congresos, la Barcelona de diseño, la burguesa ciudad Condal, la antigua Barcino... Todas estas barcelonas y las historias y anécdotas que derivan de ellas se muestran ante la mirada del visitante en cada rincón y en cada calle. Por ejemplo, ¿sabía que en San Felip Neri se sepultaba a los condenados a morir ahorcados? ¿O que en una esquina de la calle Pintor Fortuny empezó la legendaria historia del Barça? ¿Sabía que una de las prisiones más siniestras de principios del siglo XX se hallaba en la calle de la Reina Amàlia?